O DOSSEL
SAGRADO

Coleção **SOCIOLOGIA E RELIGIÃO**

- *O dossel sagrado: elementos para uma teoria sociológica da religião*, Peter Ludwig Berger
- *As formas elementares de vida religiosa*, Émile Durkheim
- *As ciências das religiões*, Giovanni Filoramo; Carlo Prandi
- *Trânsitos religiosos, cultura e mídia: a expansão neopentecostal*, Adilson José Francisco (e-book)
- *A angústia de Abraão: as origens culturais do judaísmo, do cristianismo e do islamismo*, Emilio González Ferrín

PETER L. BERGER

O DOSSEL
SAGRADO

Elementos para uma teoria sociológica da religião

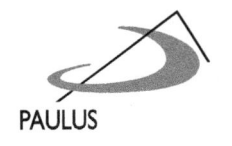

PAULUS

Título original
The Sacred Canopy: elements of a sociological theory of religion
© by Doubleday & Company, Inc., Nova Iorque, 1969

Organização
Luiz Roberto Benedetti

Tradução
José Carlos Barcellos

Capa
Raquel Ferreira Cardoso

Editoração, impressão e acabamento
PAULUS

Dados Internacionais de Catalogação na Publicação (CIP)
(Câmara Brasileira do Livro, SP, Brasil)

Berger, Peter Ludwig.
O dossel sagrado: elementos para uma teoria sociológica da religião / Peter L. Berger [organização Luiz Roberto Benedetti; tradução José Carlos Barcellos]. – São Paulo: Paulus, 1985. Coleção Sociologia e Religião.

Bibliografia.
ISBN 978-85-349-0602-9

1. Religião e sociologia 2. Sociologia cristã I. Título II. Título: Elementos para uma teoria sociológica da religião.

85-0234
CDD-301.58
261

Índice para catálogo sistemático:
1. Sociologia cristã: Teologia social 261
2. Sociologia religiosa 301.58

Seja um leitor preferencial **PAULUS**.
Cadastre-se e receba informações sobre nossos lançamentos e nossas promoções: **paulus.com.br/cadastro**
Televendas: **(11) 3789-4000 / 0800 016 40 11**

1ª edição, 1985
12ª reimpressão, 2024

© PAULUS – 1985

Rua Francisco Cruz, 229 • 04117-091 • São Paulo (Brasil)
Tel.: (11) 5087-3700
paulus.com.br • editorial@paulus.com.br

ISBN 978-85-349-0602-9

INTRODUÇÃO

Quanto mais se estudam as religiões, melhor se compreende que elas, do mesmo modo que as ferramentas e a linguagem, estão inscritas no aparelho do pensamento simbólico. Por mais diversas que elas sejam, respondem sempre a esta vocação dupla e solidária: para além das coisas, atingir um sentido que lhe dê uma plenitude das quais elas mesmas parecem privadas; e arrancar cada ser humano de seu isolamento, enraizando-o numa comunidade que o conforte e o ultrapasse.

(Vernant)

Folheando certo dia um livro sobre Sociologia da Religião, num destes passeios costumeiros pelas livrarias, uma nota de pé de página chamou-me a atenção. Referia-se a Peter Berger como neomarxista. Seria difícil imaginar a presença de Marx nos textos deste sociólogo, em cujas páginas tudo parece respirar a presença de Weber e Durkheim. Some-se a isso seu papel junto ao Instituto Fé e Democracia, seu fundamentalismo teológico, a irreverência – se é que cabe o termo – de sua linguagem (imaginamos os marxistas sisudos!) e, sobretudo, o caráter conservador de seu pensamento: tudo contribui para tal espanto.

Entretanto, um fato é inconteste: Marx, Durkheim e Weber estão presentes em Berger, numa conjunção sutil e original. Acrescente-se a isso a influência da fenomenologia, e teremos Berger.

Berger partilha com Marx a convicção "fundadora" de seu pensamento: a de que a sociedade é feita pelos homens. "Biologicamente privados de um mundo dos homens, constroem um mundo humano" (...); tal mundo é a cultura, entendida como a totalidade dos produtos do homem. A própria ideia de uma natureza humana, nada mais é para Berger que um produto da atividade construtora de mundos. Há, sem dúvida, muito de Marx nissso e o próprio Berger reconhece sua dívida em nota de pé de página.

Só que o homem precisa ocultar a si mesmo o caráter construído da ordem social para que ela possa reproduzir-se como ordem, evitando, assim, a anomia e o caos. Surge a religião como força poderosa que torna plausíveis e duradouras as construções sociais da realidade, eliminando a precariedade intrínseca destas ordens construídas. A religião inclui o construído num mundo mais abrangente – sagrado – que legitima, justifica e explica as mazelas do cosmos construído.

Mas viver no mundo e na sociedade é viver sob ameaça do caos e da desagregação. Por isso mesmo viver nele é esforçar-se de forma contínua e persistente para integrar-se na ordem. Desaparece em Berger qualquer resquício de um pensamento transformador. Transformar o mundo: fantasia que só pode ser fruto de egoísmo e estupidez, como nota Hinkelammert, comentando Berger.

À semelhança de Durkheim e Weber, Berger quer trazer a religião para o mundo dos homens. Uma realidade que os homens produzem para se entenderem e se explicarem a si mesmos no mundo. Religião é um modo de conhecer o mundo e situar-se nele. Religião é "plenitude" do significado de um mundo, que só é humano porque significativo; mas significado construído. A religião aparece então como "intento audacioso de conceber o universo como humanamente significativo" (...). Doação de significado que oculta ao homem o fato de que é ele que constrói o mundo e o seu significado. Portanto, religião que cumpre uma tarefa alienadora. Mas há a possibilidade de uma religião desalienadora. Só que essa possibilidade – além de constituir-se como exceção –, nada tem de política. É apenas uma forma de a sociedade aparecer ao homem como obra sua.

Na análise histórica do problema da secularização, Berger continua sendo um ponto de referência necessário.

Embora seja criticável – por seu reducionismo – a visão do universo religioso como um mercado de bens simbólicos, obedecendo às mesmas leis de expansão e à mesma lógica do capital, num mundo que se urbaniza e se industrializa (destruindo assim o monopólio tradicional das religiões que produzem "o" significado), suscita reflexões. Se não se pode aceitar uma

INTRODUÇÃO

continuidade necessária entre religião e capital (pelo menos como lei geral e inevitável), não há dúvida de que no mundo americano – que Berger "reflete" –, esta continuidade existe. Baste-nos a referência ao estudo acurado de Herberg, que vê o protestantismo, o catolicismo e o judaísmo como três variantes da mesma religião, o "american way of life". De resto, se Marx já tinha decifrado o caráter religioso da mercadoria, a seu modo, Berger decifra o caráter mercantil da religião!

E, finalmente, quando se busca a "identidade" da religião – até como condição de possibilidade de uma verdadeira ciência sociológica dos fenômenos religiosos – constitui leitura indispensável o apêndice 2 deste livro: as aventuras e desventuras, os impasses e as saídas no diálogo entre o sociólogo e o teólogo, a ciência e a religião.

Concordemos ou não com suas posições, é fundamental aos teólogos, pastoralistas e cientistas sociais ler Berger. Depois dele – dentro de um diálogo com os mestres Marx, Durkheim e Weber –, a sociologia da religião já não é a mesma. Ele é, fora de qualquer dúvida, um marco.

E para quem se empenha em nome de sua fé na tarefa de transformação das relações sociais, talvez Berger represente uma interrogação, ou mesmo um perigo. E isso torna indispensável sua leitura. Que, ideologia à parte (é possível?), é sempre fascinante!

Luiz Roberto Benedetti

PREFÁCIO

Propõe-se o debate que ora apresentamos a ser um exercício de teoria sociológica. Visa, especificamente, aplicar uma perspectiva teórica geral derivada da sociologia do conhecimento ao fenômeno da religião. Embora em certos pontos a discussão se processe em níveis assaz abstratos, nunca deixa (pelo menos não intencionalmente) o quadro de referência da disciplina empírica da sociologia. Deve, por conseguinte, excluir totalmente quaisquer questões relativas à verdade ou ilusão final das proposições religiosas sobre o mundo. Não existe neste debate teologia explícita nem implícita. Os breves comentários sobre possíveis implicações desta perspectiva para o teólogo, feitas no Apêndice 2, não são necessárias à discussão nem derivam logicamente dela. Foram motivados por uma afeição pessoal aos teólogos e sua especulação que não precisa molestar o leitor desinteressado da teologia. O que certamente incomodará alguns sociólogos, notadamente neste país, é achegar-se parte do debate às considerações filosóficas, que se lhes podem afigurar estranhas à sociologia propriamente dita. Isso, creio eu, não pode ser evitado. Este livro não é o lugar para discutir cabalmente a relação entre a teoria sociológica e a filosofia, e o mais que posso fazer aqui é invocar um espírito de tolerância ecumênica da parte dos meus colegas sociólogos (coisa, aliás, que eles poderiam aprender com proveito da teologia moderna). Convém igualmente sublinhar que este livro não é "uma sociologia da religião". Um estudo digno desse nome teria de lidar com vastos materiais sequer tocados aqui – tais como a relação entre a religião e as outras instituições da sociedade, as formas da institucionalização religiosa, os tipos de liderança religiosa, e assim por diante. O presente debate, como exercício de teoria sociológica, tem um objetivo muito mais modesto.

Em essência, o que procurei fazer aqui foi levar à derradeira consequência sociológica uma compreensão da religião como produto histórico. Tanto o que devo aos clássicos enfoques de Marx, Weber e Durkheim quanto à religião, como as minhas divergências em relação a eles, serão devidamente registrados. Julguei desnecessário propor uma definição radicalmente sociológica da religião, mas trabalhei com a concepção convencional do fenômeno, comum, de um modo geral, à história da religião e à *Religionswissenschaft*. As minhas razões para isso estão brevemente expostas no Apêndice 1.

A discussão se divide em duas partes: uma sistemática e outra histórica. Só a primeira é, a rigor, o acima mencionado exercício teórico. O que procurei fazer na segunda parte, a propósito de uma discussão sobre a secularização moderna, foi mostrar a "paga" da perspectiva teórica em termos de compreensão das situações socioculturais específicas. As notas indicam as minhas fontes teóricas, e servem ainda para mostrar que materiais históricos e empíricos foram utilizados. Empenhei-me cuidadosamente em "pagar todas as minhas dívidas", mas ver-se-á logo que nenhuma tentativa foi feita para converter as notas em bibliografia geral para a sociologia da religião, o que seria deveras impróprio aqui, tendo-se em vista o escopo da própria discussão.

Este livro tem uma relação especial com *The Social Construction of Reality – A Treatise in the Socilogy of Knowledge* (1966), que escrevi de parceria com Thomas Luckmann. Especialmente os capítulos 1 e 2 deste livro são uma aplicação direta da mesma perspectiva teórica da sociologia do conhecimento ao fenômeno da religião. Seria muito enfadonho multiplicar, ao longo deste livro, as citações de *The Social Construction of Reality*, e por isso me limitarei a esta referência geral. É escusado dizer que Luckmann de modo algum deve ser responsabilizado pelo que se segue. Embora possa haver honra entre ladrões bem como entre sociólogos do conhecimento, alguns crimes são perpetrados em comum, outros separadamente.

Parece-me que, sempre que acho necessário manifestar o meu reconhecimento em conexão com coisas que fiz nos últimos anos, acabo mencionando sempre as mesmas pessoas. Isso é um pouco aborrecido, mas serve, ao mesmo tempo, para dissipar sentimentos anômicos. Em tudo o que tem que ver com a sociologia da religião, devo a mais profunda gratidão ao meu mestre, Carl Mayer. A minha dívida para com Thomas Luckmann excede de muito os limites dos empreendimentos particulares que emergiram em forma tipográfica sob os nossos dois nomes. As palestras com Brigitte Berger e Hansfried Kellner sobre estes e correlatos assuntos deixaram a sua marca no meu pensamento. Meus contatos com estrangeiros do reino da teologia retraíram-se, muito com meu pesar, nos últimos anos. Mas apraz-me mencionar James Gustafson e Siegfried von Kortzfleisch como dois teólogos em quem sempre encontrei uma desusada abertura ao pensamento sociológico, pela qual fui grato em mais de uma ocasião.

P.L.B.
Nova York, outono de 1966.

I
ELEMENTOS SISTEMÁTICOS

1
RELIGIÃO E CONSTRUÇÃO DO MUNDO

Toda sociedade humana é um empreendimento de construção do mundo. A religião ocupa um lugar destacado nesse empreendimento. Nosso principal intuito aqui é formular alguns enunciados sobre a relação entre a religião humana e a construção humana do mundo. Mas, para que isso se possa fazer inteligivelmente, a afirmação acima sobre a eficácia da sociedade para a construção do mundo precisa ser explicada. Para essa explicação, será importante compreender a sociedade em termos dialéticos.[1]

A sociedade é um fenômeno dialético por ser um produto humano, e nada mais que um produto humano, que, no entanto, retroage continuamente sobre o seu produtor. A sociedade é um produto do homem. Não tem outro ser exceto aquele

---

[1] O termo "mundo" é entendido aqui num sentido fenomenológico, isto é, omitindo-se a questão do seu estatuto ontológico último. Para a aplicação antropológica do termo, cf. Max Scheler, *Die Stellung des Metischen im Kosmos*. Munique: Nymphenburger Verlagshandlung, 1947. Para a aplicação do termo à sociologia do conhecimento, cf. Max Scheler. *Die Wissensforms und die Gesellschaft*. Berna: Francke, 1960; Alfred Schutz. *Der sinnhafte Aufbau der sozialen Welt*. Viena: Springer, 1960, e *Collected Papers*. Vols. I e II. Haia: Nijhoff, 1962-1964. O termo "dialético", aplicado à sociedade, é entendido aqui essencialmente em seu sentido marxista, particularmente, como desenvolvido nos *Economic and Philosophical Manuscripts of 1844*.

que lhe é conferido pela atividade e consciência humanas. Não pode haver realidade social sem o homem. Pode-se também afirmar, no entanto, que o homem é um produto da sociedade. Toda biografia individual é um episódio dentro da história da sociedade, que a precede e lhe sobrevive. A sociedade existia antes que o indivíduo nascesse, e continuará a existir após a sua morte. Mais ainda, é dentro da sociedade, como resultado de processos sociais, que o indivíduo se torna uma pessoa, que ele atinge uma personalidade e se aferra a ela, e que ele leva adiante os vários projetos que constituem a sua vida. O homem não pode existir independentemente da sociedade. As duas asserções, a de que a sociedade é produto do homem e a de que o homem é produto da sociedade, não se contradizem. Refletem, pelo contrário, o caráter inerentemente dialético do fenômeno social. Só se compreenderá a sociedade em termos adequados à sua realidade empírica se este seu caráter for devidamente reconhecido.[2]

O processo dialético fundamental da sociedade consiste em três momentos, ou passos. São a exteriorização, a objetivação e a interiorização. Só se poderá manter uma visão adequadamente empírica da sociedade se se entender conjuntamente esses três momentos. A exteriorização é a contínua efusão do ser humano

---

[2] Diríamos que essa compreensão dialética do homem e da sociedade como produtos um do outro possibilita uma síntese teórica das abordagens sociológicas de Weber e Durkheim, sem que nenhuma delas perca sua intenção fundamental (o que ocorreu, em nossa opinião, na síntese parsoniana). Weber tem uma compreensão da realidade social como sendo continuamente constituída por significação humana, e Durkheim a considera como tendo o caráter de *choseité* contra o indivíduo; ambas estão corretas. Elas têm em vista, respectivamente, o fundamento subjetivo e a facticidade objetiva do fenômeno social, *ipso facto*, apontando para a relação dialética da subjetividade e seus objetos. Além disso, as duas formas de compreensão somente são corretas *em conjunto*. Uma ênfase de tipo weberiano na subjetividade somente leva a uma distorção idealística do fenômeno social. Uma ênfase do tipo durkheimiano na objetividade *somente* leva à retificação sociológica, a mais desastrosa distorção para a qual tende grande parte da sociologia americana contemporânea. Deve-se sublinhar que não queremos dizer que essa síntese dialética agradaria a esses dois autores. Nosso interesse é sistemático, e não exegético, e permite uma atitude eclética com relação a construções teóricas anteriores. Quando dizemos, pois, que essas construções "têm em vista" uma síntese desse tipo, o fazemos no sentido da lógica teórica intrínseca, e não no das intenções históricas dos autores.

sobre o mundo, quer na atividade física, quer na atividade mental dos homens. A objetivação é a conquista por parte dos produtos dessa atividade (física e mental) de uma realidade que se defronta com os seus produtores originais como facticidade exterior e distinta deles. A interiorização é a reapropriação dessa mesma realidade por parte dos homens, transformando-a novamente de estruturas do mundo objetivo em estruturas da consciência subjetiva. É através da exteriorização que a sociedade é um produto humano. É através da objetivação que a sociedade se torna uma realidade *sui generis*. É através da interiorização que o homem é um produto da sociedade.[3]

A exteriorização é uma necessidade antropológica. O homem, como o conhecemos empiricamente, não pode ser concebido independentemente da contínua efusão de si mesmo sobre o mundo em que ele se encontra. O ser humano não pode ser concebido como algo isolado em si mesmo, numa esfera fechada de interioridade, partindo *em seguida* para se exprimir no mundo que o rodeia. O ser humano é exteriorizante por essência e desde o início.[4] Esse fato antropológico de raiz com muita probabilidade se funda na constituição biológica do homem.[5] O *homo sapiens* ocupa uma posição peculiar no reino animal. Essa peculiaridade se manifesta na relação do homem com seu próprio corpo e

---

[3] Os termos "exteriorização" e "objetivação" derivam de Hegel (*Entaeusserung* e *Versachlichung*) e são entendidos aqui essencialmente no sentido com que foram aplicados aos fenômenos coletivos por Marx. O termo "interiorização" é entendido em sua acepção usual na psicologia social americana. O fundamento teórico desta é, acima de tudo, a obra de George Herbert Mead, para a qual cf. seu *Mind, Self and Society*. Chicago: University of Chicago Press, 1934; Anselm Strauss (org.). *George Herbert Mead on Social Psychology*. Chicago: University of Chicago Press, 1956. A expressão "realidade *sui generis*" aplicada à sociedade é desenvolvida por Durkheim, em suas *Rules of SociologicalI Methods*. Glencoe, Ill.: Pree Press, 1950. Tradução brasileira, *As Regras do Método Sociológico*, Cia Editora Nacional, s.d.

[4] A necessidade antropológica de exteriorização foi desenvolvida por Hegel e por Marx. Para outros desenvolvimentos contemporâneos, além da obra de Scheler, cf. Helmut Plessner. *Die Stufen des Organischen und der Mensch* (1928) e Arnold Gehlen. *Der Mensch*. S.l/s.ed., 1940.

[5] Para a fundamentação biológica disso, cf. F. J. J. Buytendijk. *Mensch und Tier*. Hamburgo: Rowohlt, 1958; Adolff Portmann. *Zoologie und das neue Bild des Menschen*. Hamburgo: Rowohlt, 1956. A aplicação mais importante dessas perspectivas biológicas a problemas sociológicos encontra-se na obra de Gehlen.

com o mundo. À diferença dos outros mamíferos superiores, que nascem com um organismo essencialmente completo, o homem é curiosamente "inacabado" ao nascer.[6] Passos essenciais do processo de "acabamento" do desenvolvimento do homem, que já se verificaram no período fetal para os outros mamíferos superiores, ocorrem, no caso do homem, durante o primeiro ano após o nascimento. Isto é, o processo biológico de "tornar-se homem" ocorre num tempo em que o infante humano se encontra em interação com um ambiente exterior ao seu organismo, e que inclui o mundo físico e o mundo humano da criança. Existe, pois, um fundamento biológico no processo de "tornar-se homem" no sentido de desenvolver uma personalidade e assimilar cultura. Estes últimos desenvolvimentos não são mutações estranhas sobrepostas ao desenvolvimento biológico do homem, mas, ao contrário, fundam-se nele.

O caráter "inacabado" do organismo humano no nascimento está intimamente relacionado com o caráter relativamente não especializado da estrutura dos seus instintos. O animal não humano ingressa no mundo com impulsos altamente especializados e firmemente dirigidos. Como resultado, vive num mundo mais ou menos completamente determinado pela estrutura dos seus instintos. Esse mundo é fechado em termos de suas possibilidades, programado, por assim dizer, pela própria constituição do animal. Consequentemente, cada animal vive no ambiente específico de sua espécie particular. Existe um mundo de camundongos, um mundo de cães, um mundo de cavalos, e assim por diante. Em contraste, a estrutura dos instintos do homem no nascimento é insuficientemente especializada e não é dirigida a um ambiente que lhe seja específico. Não há um mundo do homem no sentido acima. O mundo do homem é imperfeitamente programado pela sua própria constituição. É

---

[6] Isso foi colocado, de forma sucinta, na primeira frase de um recente trabalho antropológico, escrito de um ponto de vista essencialmente marxista: "L'homme naît inachevé". Georges Lapassade, *L'entrée dans la vie*. Paris: Edition de Minuit, 1963, p. 17.

um mundo aberto. Ou seja, um mundo que deve ser modelado pela própria atividade do homem. Comparado com os outros mamíferos superiores, tem o homem, por conseguinte, uma dupla relação com o mundo. Como os outros mamíferos, o homem está *em* um mundo que precede o seu aparecimento. Mas à diferença dos outros mamíferos, este mundo não é simplesmente dado, pré-fabricado para ele. O homem precisa *fazer* um mundo para si. A atividade que o homem desenvolve em construir um mundo não é, portanto, um fenômeno biológico estranho, e sim a consequência direta da constituição biológica do homem.

A condição do organismo humano no mundo se caracteriza, assim, por uma instabilidade congênita. O homem não possui uma relação preestabelecida com o mundo. Precisa estabelecer continuamente uma relação com ele. A mesma instabilidade assinala a relação do homem com o seu próprio corpo.[7] De um modo curioso, o homem está "fora de equilíbrio" consigo mesmo. Não pode descansar em si mesmo, e para entrar em harmonia consigo mesmo precisa exprimir-se continuamente em atividade. A existência humana é um contínuo "pôr-se em equilíbrio" do homem com seu corpo, do homem com o seu mundo. Outro modo de exprimir isto é dizer que o homem está constantemente no processo de "pôr-se em dia consigo mesmo". É nesse processo que o homem produz um mundo. Só num mundo assim, que ele mesmo produziu, pode o homem estabelecer-se e realizar a sua vida. Todavia, o mesmo processo que constrói o seu mundo também dá "remate" ao seu próprio ser. Em outras palavras, o homem não só produz um mundo, como também se produz a si mesmo. Mais precisamente – ele se produz a si mesmo num mundo.

No processo da construção de um mundo, o homem, pela sua própria atividade, especializa os seus impulsos e provê-se

---

[7] Plessner cunhou o termo "excentricidade" para se referir a essa instabilidade inata na relação do homem com seu próprio corpo. Cf. *op. cit.*

a si mesmo de estabilidade. Biologicamente privado de um mundo do homem, constrói um mundo humano. Esse mundo, naturalmente, é a cultura. Seu escopo fundamental é fornecer à vida humana as estruturas firmes que lhe faltam biologicamente. Segue-se que essas estruturas de fabricação humana nunca podem ter a estabilidade que caracteriza as estruturas do mundo animal. A cultura, embora se torne para o homem uma "segunda natureza", permanece algo de muito diferente da natureza, justamente por ser o produto da própria atividade do homem. Suas estruturas são, por conseguinte, inerentemente precárias e predestinadas a mudar. O imperativo cultural da estabilidade e o caráter de instabilidade inerente à cultura lançam conjuntamente o problema fundamental da atividade do homem de construir o mundo. Suas implicações de longo alcance nos ocuparão em detalhe considerável um pouco mais adiante. Por enquanto, contentemo-nos com dizer que, se é necessário que se construam mundos, é muito difícil mantê-los em funcionamento.

A cultura consiste na totalidade dos produtos do homem.[8] Alguns destes são materiais, outros não. O homem produz instrumentos de toda espécie imaginável, e por meio deles modifica o seu ambiente físico e verga a natureza à sua vontade. O homem produz também a linguagem e, sobre esse fundamento e por meio ele, um imponente edifício de símbolos que permeiam todos os aspectos de sua vida. Há boas razões para pensar que a produção e uma cultura não material foi sempre de par com a atividade do homem de modificar fisicamente o seu ambiente.[9] Seja como for, a sociedade, naturalmente, nada mais é do que

---

[8] O uso do termo "cultura" para se referir à totalidade dos produtos humanos segue a prática corrente na antropologia cultural americana. Os sociólogos procuraram usar o termo num sentido mais estrito, referindo-se exclusivamente à assim chamada esfera simbólica (assim fez Parsons, em seu conceito de "sistema cultural"). Embora haja boas razões para se preferir o sentido mais estrito em outros contextos teóricos, sentimos que a acepção mais ampla é mais adequada no presente estudo.

[9] O vínculo entre produção material e não material foi desenvolvido por Marx no conceito de "trabalho" (que não pode ser entendido meramente como categoria econômica).

parte e parcela da cultura não material. A sociedade é aquele aspecto desta última que estrutura as incessantes relações do homem com os seus semelhantes.[10] Como apenas um elemento da cultura, a sociedade compartilha do caráter dessa como produto humano. A sociedade é constituída e mantida por seres humanos em ação. Não possui ser algum, realidade alguma, independentemente de tal atividade. Seus padrões, sempre relativos no tempo e no espaço, não são dados na natureza, e de nenhum modo específico podem ser deduzidos da "natureza do homem". Se se quiser usar esse termo como designando mais do que certas constantes biológicas, deve-se dizer apenas que é próprio da "natureza do homem" produzir um mundo. O que aparece em qualquer momento histórico particular como "natureza humana" é da mesma forma um produto da atividade do homem de construir um mundo.[11]

A sociedade, no entanto, embora nos apareça como apenas um aspecto da cultura, ocupa uma posição privilegiada entre as formações culturais do homem. Isto se deve a outro fato antropológico básico, a saber, a essencial sociabilidade do homem.[12] O *homo sapiens* é o animal social. Isso significa muito mais do que o fato superficial de que o homem sempre vive em coletividades e perde, de fato, a sua humanidade, quando é afastado do convívio dos outros homens. E o que se reveste de muito maior importância, a atividade do homem de construir um mundo é sempre e inevitavelmente um empreendimento

---

[10] Há, é claro, diversos conceitos de sociedade usados pelos sociólogos. Não seria de muita utilidade discuti-los no presente estudo. Assim, usamos uma definição bastante simples, relacionando-o ao acima mencionado conceito de cultura.

[11] A compreensão da "natureza humana" como sendo ela própria um produto humano também deriva de Marx. Ela marca a ruptura fundamental entre uma antropologia dialética e uma não dialética. No âmbito do pensamento sociológico, esses antípodas antropológicos são representados melhor, respectivamente, por Marx e por Pareto. A antropologia freudiana, aliás, também deve ser mencionada como essencialmente não dialética, um ponto que tem sido descurado em tentativas recentes de uma síntese marxista-freudiana.

[12] A sociabilidade essencial do homem foi vista claramente por Marx, mas, é claro, trata-se de uma noção presente em toda a tradição sociológica. A obra de Mead proporciona uma base sociopsicológica indispensável para as noções antropológicas de Marx.

coletivo. Embora seja possível, talvez com intuitos heurísticos, analisar a relação do homem com o seu mundo em termos puramente individuais, a realidade empírica da construção humana do mundo é sempre social. É trabalhando *juntos* que os homens fabricam instrumentos, inventam línguas, aderem a valores, concebem instituições, e assim por diante. A participação individual numa cultura não só acontece num processo social (a saber, o processo chamado socialização), mas a continuação de sua existência cultural depende da manutenção de dispositivos sociais específicos. A sociedade é, portanto, não só resultado da cultura, mas uma condição necessária dela. A sociedade estrutura, distribui e coordena as atividades de construção do mundo desenvolvidas pelos homens. E só na sociedade os produtos dessas atividades podem durar. Compreender que a sociedade se radica na exteriorização do homem, isto é, que ela é um produto da atividade humana, é particularmente importante devido ao fato de que a sociedade se afigura ao bom senso como algo muito diferente, que independe da atividade humana e que participa da determinação inerte da natureza. Ocupar-nos-emos a seguir com o processo de objetivação que torna possível essa aparência. Baste-nos por ora dizer que um dos mais importantes ganhos de uma perspectiva sociológica é a sua reiterada redução das entidades hipostasiadas, que constituem a sociedade na imaginação do homem comum, à atividade humana de que essas entidades são produtos e sem as quais elas não possuem *status* algum na realidade. A "matéria" de que a sociedade e todas as suas formações são feitas são os sentidos humanos externados na atividade humana. As grandes hipóstases sociais (como "a família", "a economia", "o Estado", e assim por diante) são novamente reduzidos pela análise sociológica à atividade humana, que é a sua única substância subjacente. Por essa razão, de nada adianta ao sociólogo, a não ser com intuitos heurísticos, tratar tais fenômenos sociais como se fossem, na realidade, hipóstases independentes da especulação humana que originariamente as produziu e continua a produzir. Em si mesmo não há nada de errado em falar o sociólogo de instituições, estruturas, funções, padrões etc. O mal vem só quando ele as concebe, como entidades existentes em si mesmas e por si mesmas, desvinculadas da atividade e produção humanas. Um dos méritos do conceito de exteriorização, aplicado à sociedade, é obviar-se esta espécie de pensamento estático, hipostatizante. Outra maneira de exprimir isso é dizer que a compreensão sociológica deve ser sempre humanizante, isto é, deve referir as configurações ilusórias da estrutura social aos seres humanos que as criaram.[13]

É, pois, a sociedade um produto do homem, radicado no fenômeno da exteriorização, que, por sua vez, se baseia na própria constituição biológica do homem. Tão logo se começa a falar de produtos exteriorizados, entretanto, está-se supondo que estes últimos atingem um grau de distinção em relação àquele que os produz. Essa transformação dos produtos do homem em um mundo que não só deriva do homem, como ainda passa a confrontar-se com ele como uma facticidade que lhe é exterior, está presente no conceito da objetivação. O mundo humanamente produzido se torna alguma coisa "lá fora". Consiste em objetos, tanto materiais como não materiais, capazes de resistir aos desejos de seu produtor. Uma vez produzido, esse mundo permanece, quer se queira, quer não. Embora toda cultura se origine e radique na consciência subjetiva dos seres humanos, uma vez criada, não pode ser reabsorvida à vontade na consciência. Subsiste fora da subjetividade do indivíduo, como um mundo. Em outras palavras, o mundo humanamente produzido atinge o caráter de realidade objetiva.

---

[13] A necessidade que a sociologia tem de des-hipotasiar as objetivações sociais foi repetidamente acentuada pela metodologia de Weber. Embora seja provavelmente errado acusar Durkheim de ter uma concepção hipostática da sociedade (como o fizeram alguns críticos marxistas), seu método se presta facilmente a essa distorção, como foi mostrado particularmente em seu desenvolvimento pela escola estrutural-funcionalista.

Essa objetividade adquirida dos produtos culturais do homem vale tanto para os materiais como para os não materiais. Ela pode ser prontamente entendida no caso dos primeiros. O homem fabrica um instrumento e com essa ação enriquece a totalidade dos objetos físicos presentes no mundo. Uma vez produzido, o instrumento tem um ser próprio que não pode ser modificado de modo imediato pelos que se utilizam dele. Na verdade, o instrumento (por exemplo, uma ferramenta agrícola) pode até impor a lógica do seu ser aos que o utilizam, às vezes de um modo que pode não lhes ser lá muito agradável. Um arado, por exemplo, um produto humano, evidentemente, é um objeto externo não só no sentido de que os que o usam podem cair em cima dele e machucar-se, como poderiam machucar-se tropeçando numa pedra ou num toco, ou qualquer outro objeto natural. O que é mais interessante, o arado pode obrigar os que se servem dele a dispor a sua atividade agrícola, e talvez também outros aspectos de suas vidas, de um modo que se conforme com a *sua* própria lógica e que pode não ter sido pretendida nem prevista pelos que originariamente o conceberam. A mesma objetividade, no entanto, caracterizam igualmente os elementos não materiais da cultura. O homem inventa uma língua e descobre que a sua fala e o seu pensamento são dominados pela sua gramática. O homem produz valores e verifica que se sente culpado quando os transgride. O homem forja instituições, que o enfrentam como estruturas controladoras e intimidatórias do mundo externo. A lenda do aprendiz de feiticeiro ilustra, de modo feliz, a relação entre o homem e a cultura. Os poderosos baldes, magicamente chamados do nada pelo *fiat* humano, são postos em movimento. A partir de então põem-se eles a andar de um lado para o outro tirando água conforme a lógica inerente ao seu próprio ser que é, na pior das hipóteses, não de todo controlado pelo seu criador. É possível, como acontece nessa história, que o homem venha a encontrar a mágica adicional que lhe devolva o controle das forças por ele desencadeadas sobre a realidade. Esse poder não é, contudo, idêntico ao que de início pôs essas forças em movimento. E pode também acontecer, naturalmente, que o homem se afogue nas ondas que ele próprio produziu. Se se credita à cultura o *status* de objetividade, isso se dá em dois sentidos. A cultura é objetiva por se defrontar ao homem como um conjunto de objetos do mundo real existente fora de sua consciência. A cultura está *lá*. Mas a cultura também é objetiva porque pode ser experimentada e apreendida, por assim dizer, em companhia. A cultura *lá está à disposição de qualquer um*. O que significa que os objetos da cultura (repetimos, os materiais e os não materiais) podem ser compartilhados com os outros. Isso os distingue nitidamente de quaisquer construções da consciência subjetiva do indivíduo solitário. Isso é óbvio quando se compara um instrumento que pertence à tecnologia de uma cultura particular com algum utensílio, por interessante que seja, que faz parte de um sonho. É, no entanto, ainda mais importante entender a objetividade da cultura como facticidade compartilhada com referência aos seus constitutivos não materiais. O indivíduo pode sonhar qualquer número de, digamos, dispositivos institucionais que bem poderão ser mais interessantes, talvez ainda mais funcionais, do que as instituições efetivamente reconhecidas na sua cultura. Enquanto esses devaneios sociológicos, por assim dizer, ficarem confinados à própria consciência do indivíduo e não forem reconhecidos pelos outros como ao menos possibilidades empíricas, só existirão como fantasmagorias irreais. Em contraste, instituições da sociedade do indivíduo, por mais que ele as deteste, serão *reais*. Em outras palavras, o mundo cultural é não só produzido coletivamente, como também permanece real em virtude do reconhecimento coletivo. Estar na cultura significa compartilhar com outros um mundo particular de objetividades.[14]

---

[14] Para um desenvolvimento da concepção de objetividade compartilhada, cf. as obras de Schutz anteriormente citadas.

As mesmas condições podem, é claro, aplicar-se àquele segmento da cultura que denominamos sociedade. Não basta, portanto, dizer que a sociedade está radicada na atividade humana. Deve-se dizer também que a sociedade é a atividade humana *objetivada*, ou seja, que a sociedade é um produto da atividade humana que atingiu o *status* de realidade objetiva. As formações sociais são experimentadas pelo homem como elementos de um mundo objetivo. A sociedade está diante do homem como facticidade externa, subjetivamente opaca e coercitiva.[15] Realmente, a sociedade é comumente apreendida pelo homem como virtualmente equivalente ao universo físico na sua presença objetiva – uma "segunda natureza", mesmo. A sociedade é experimentada como dada "lá fora", estranha à consciência subjetiva e não controlável por esta última. As representações da fantasia solitária oferecem relativamente pouca resistência à volição do indivíduo. As representações da sociedade são imensamente mais resistentes. O indivíduo pode sonhar outras sociedades e imaginar-se em diversos contextos. A não ser que ele exista em loucura solipsista, saberá quanto vai dessas fantasias à *realidade* de sua vida efetiva na sociedade, que lhe prescreve um contexto comumente reconhecido e se lhe impõe sem tomar conhecimento dos seus desejos. Como a sociedade aparece ao indivíduo como uma realidade que lhe é exterior, pode acontecer frequentemente que as operações dela permaneçam opacas ao seu entendimento. Ele não é capaz de descobrir por introspecção o sentido de um fenômeno social. Precisa, para tanto, sair de si mesmo e empenhar-se no tipo basicamente idêntico de investigação empírica que é necessário para que ele possa compreender qualquer coisa fora de sua própria mente. Acima de tudo, a sociedade se manifesta pelo seu poder coercitivo. O teste final de sua realidade objetiva é a

---

[15] A nossa discussão da objetividade da sociedade segue Durkheim de perto. Cf. especialmente *As Regras do Método Sociológico*, anteriormente citadas.

sua capacidade de impor-se à relutância dos indivíduos. A sociedade dirige, sanciona, controla e pune a conduta individual. Nas suas mais poderosas apoteoses (um termo propositadamente escolhido, como adiante veremos), a sociedade pode até destruir o indivíduo.

A objetividade coercitiva da sociedade pode, é claro, ser vista mais prontamente nas suas medidas de controle social, isto é, naquelas medidas especificamente destinadas a "pôr na linha" os indivíduos ou grupos recalcitrantes. As instituições políticas e legais podem servir de ilustrações óbvias deste fato. É importante, todavia, compreender que a mesma objetividade coercitiva caracteriza a sociedade *como um todo* e está presente em *todas* as instituições sociais, inclusive as instituições que foram fundadas em consenso. Isto (com toda a ênfase) *não* quer dizer que todas as sociedades sejam variações da tirania. *Quer* dizer que nenhuma construção humana pode, a rigor, ser chamada de fenômeno social, a não ser que tenha atingido aquele grau de objetividade que obriga o indivíduo a reconhecê-la como real. Em outras palavras, a coercibilidade fundamental da sociedade está não nos mecanismos de controle social, mas sim no seu poder de constituir-se e impor como realidade. O caso paradigmático disso é a linguagem. Praticamente ninguém, por mais alheio que seja ao pensamento sociológico, negará que a linguagem é um produto humano. Toda linguagem é resultado de uma longa história da inventividade, da imaginação e até do capricho do homem. Se bem que os órgãos vocais imponham certas limitações fisiológicas à sua fantasia linguística, não há leis da natureza que se possam invocar para explicar o desenvolvimento, digamos, da língua inglesa. Nem tem esta última nenhum *status* na natureza das coisas além do seu *status* de produção humana. A língua inglesa se originou de acontecimentos humanos específicos, desenvolveu-se através de sua história graças à atividade humana, e existe unicamente até onde e enquanto seres humanos continuarem a usá-la e compreendê-la.

Apesar disso, a língua inglesa se apresenta ao indivíduo como uma realidade objetiva, que ele deve reconhecer como tal, ou sofrer as consequências. Suas regras são dadas objetivamente. Precisam ser aprendidas pelo indivíduo, como sua língua materna ou como língua estrangeira, e ele não as pode modificar a seu talante. Existem padrões objetivos de inglês correto e incorreto, e embora possa haver diferenças de opinião sobre pormenores secundários, a existência desses padrões é uma condição prévia para o uso da língua, em primeiro lugar. Há, é claro, penalidades para a transgressão desses padrões, desde a reprovação na escola até o constrangimento social na vida posterior, mas a realidade objetiva da língua inglesa não é constituída, antes de mais nada, por essas penalidades. A língua inglesa é objetivamente real em virtude do simples fato de estar *lá*, um universo pronto e coletivamente reconhecido de discurso, no âmbito do qual os indivíduos podem entender-se uns aos outros e a si mesmos.[16]

Como realidade objetiva, a sociedade pode fornecer ao homem um mundo para habitar. Esse mundo abrange a biografia do indivíduo, que desdobra uma série de acontecimentos dentro desse mundo. De fato, a própria biografia do indivíduo só é objetivamente real na medida em que possa ser compreendida dentro das estruturas de importância do mundo social. O indivíduo pode, é certo, ter as autointerpretações altamente subjetivas que quiser, e que os outros acharão extravagantes ou de todo absurdas. Sejam quais forem essas auto-interpretações, substituirão a interpretação objetiva da biografia do indivíduo que o situa num quadro de referência coletivamente reconhecido. Os fatos objetivos dessa biografia podem ser apurados, se nos ativermos ao mínimo, mediante consulta aos documentos pessoais mais importantes. O nome, a descendência legal, a cidadania, o

---

[16] A compreensão da linguagem como paradigma da objetividade dos fenômenos sociais também deriva de Durkheim. Para uma discussão da linguagem em termos essencialmente durkheimianos, cf. A. Meillet, *Linguistique historique et linguistique générale*. Paris: Champion, 1958.

estado civil, a ocupação – eis apenas algumas das interpretações "oficiais" da existência individual, objetivamente válidas não só por força de lei, mas pela potência fundamental da sociedade de conferir realidade. Mais ainda, o próprio indivíduo, a não ser, repetimos, que se encerre num mundo solipsístico afastado da realidade, procurará validar as suas autointerpretações, comparando-as com as coordenadas objetivamente disponíveis da sua biografia. Em outras palavras, a própria vida do indivíduo só aparecerá como objetivamente real, a ele próprio e aos outros, localizada no interior de um mundo social que tem o caráter de realidade objetiva.[17]

A objetividade da sociedade se estende a todos os seus elementos constitutivos. As instituições, os papéis e identidades existem como fenômenos objetivamente reais do mundo social, embora eles e este mundo sejam, ao mesmo tempo, produções humanas. Por exemplo, a família como institucionalização da sexualidade humana em determinada sociedade é experimentada e apreendida como uma realidade objetiva. A instituição está lá, exterior e coercitiva, impondo ao indivíduo, nesta área particular da sua vida, seus padrões predefinidos. A mesma objetividade pertence aos papéis que o indivíduo, segundo se espera, irá desempenhar no contexto institucional em apreço, mesmo que suceda que não lhe agrade muito tal desempenho. Os papéis de, por exemplo, marido, pai ou tio são objetivamente definidos e disponíveis como modelos da conduta individual. Desempenhando esses papéis, o indivíduo vem a representar as objetividades institucionais de um modo que é apreendido, por ele e pelos outros, como desvinculado dos "meros" acidentes da sua existência individual.[18] Ele pode "vestir" o papel como um

---

[17] Para a realidade das autointerpretações como localização num mundo social objetivamente real, cf. a obra de Maurice Halbwachs sobre a memória, especialmente seu *Les cadres sociaux de la mémoire*. Paris: Presses Univer-sitaires de France, 1952.

[18] Chega-se ao conceito de papéis, como representação objetiva, através da combinação dos pontos de vista de Mead e de Durkheim. Do último, cf. aqui especialmente o *Sociology and Philosophy*. Londres: Cohen & West, 1953, p. 1ss.

objeto cultural, de maneira análoga à "vestição" de um objeto físico de vestuário ou adorno. Pode, além disso, conservar uma consciência de si mesmo como distinto do papel, que então se refere ao que ele apreende como a sua "verdadeira identidade pessoal", como a máscara ao ator. Assim, ele pode até dizer que não gosta de desempenhar este ou aquele pormenor do papel, mas precisa fazer isso mesmo contra a vontade – porque assim o dita a descrição objetiva do seu papel. Além disso, a sociedade não só contém um conjunto disponível de instituições e papéis, mas um repertório de identidades dotadas do mesmo *status* de realidade objetiva. A sociedade confere ao indivíduo não só um conjunto de papéis, mas também uma identidade designada. Em outras palavras, não só se espera que o indivíduo represente como marido, pai ou tio, mas que *seja* um marido, um pai ou um tio – e, ainda mais basicamente, que *seja* um homem, em termos de não importa qual "ser" isto implique na sociedade em questão. Desse modo, em última análise, a objetivação da atividade humana significa que o homem é capaz de objetivar uma parte de si mesmo no recesso de sua própria consciência, defrontando-se consigo mesmo em figuras que são geralmente disponíveis como elementos objetivos do mundo social. Por exemplo, o indivíduo como "eu real" pode conversar interiormente consigo mesmo como arcebispo. Na verdade, a socialização é possível, em primeiro lugar, somente através desse diálogo interno com as objetivações de si mesmo.[19]

O mundo das objetivações sociais, produzido pela exteriorização da consciência, enfrenta a consciência como uma facticidade externa. É apreendido como tal. Mas essa apreensão não pode, por enquanto, ser descrita como interiorização, como tampouco o pode a apreensão do mundo da natureza. A interiorização é, antes, a reabsorção na consciência do mundo objetivado de tal maneira que as estruturas deste mundo vêm a determinar as

---

[19] O conceito de conversação interna deriva de Mead. Cf. seu *Mind, Self and Society*, p. 135ss.

estruturas subjetivas da própria consciência. Ou seja, a sociedade funciona agora como a ação formativa da consciência individual. Na medida em que ocorreu a interiorização, o indivíduo apreende agora vários elementos do mundo objetivado como fenômenos internos de sua consciência, ao mesmo tempo que os apreende como fenômenos da realidade exterior.

Toda sociedade que continua no tempo enfrenta o problema de transmitir os seus sentidos objetivados de uma geração para a seguinte. Esse problema é atacado por meio dos processos de socialização, isto é, os processos pelos quais se ensina uma nova geração a viver de acordo com os programas institucionais da sociedade. Do ponto de vista da psicologia, a socialização pode, é claro, ser descrita como um processo de aprendizado. A nova geração é iniciada nos sentidos da cultura, aprende a participar das suas tarefas estabelecidas e a aceitar os papéis bem como as identidades que constituem a estrutura social. Mas a socialização tem uma dimensão decisiva que não é adequadamente apreendida se se fala de processo de aprendizado. O indivíduo não só aprende os sentidos objetivados, como se identifica com eles e é modelado por eles. Atrai-os a si e fá-los *seus* sentidos. Torna-se não só alguém que possui esses sentidos, mas alguém que os representa e exprime.

O êxito da socialização depende do estabelecimento de uma simetria entre o mundo objetivo da sociedade e o mundo subjetivo do indivíduo. Se se imagina um indivíduo totalmente socializado, cada sentido objetivamente disponível no mundo social teria seu sentido análogo dado subjetivamente em sua própria consciência. Essa socialização total é empiricamente não existente e teoricamente impossível, quanto mais não seja em razão da variabilidade biológica dos indivíduos. Há, no entanto, graus de êxito na socialização. A socialização de amplo êxito estabelece elevado grau de simetria entre o objetivo e o subjetivo, enquanto os malogros da socialização conduzem a vários graus de assimetria. Se a socialização não conseguir interiorizar pelo menos os sentidos mais importantes de determinada sociedade, torna-se difícil manter esta última como empreendimento viável. Especificamente, semelhante sociedade não estaria em condições de estabelecer uma tradição que garantisse a sua persistência no tempo.

A atividade que o homem desenvolve de construir um mundo é sempre um empreendimento coletivo. A apropriação interna do mundo por parte do homem também deve ocorrer numa coletividade. Tornou-se hoje em dia um lugar-comum nas ciências sociais dizer que é impossível tornar-se ou ser humano, de qualquer forma empiricamente reconhecível que vá além das observações biológicas, exceto na sociedade. Isso se torna menos que um lugar- comum se se acrescentar que a interiorização de um mundo depende da sociedade do mesmo modo, porque com isso se está dizendo que o homem é incapaz de conceber sua experiência de maneira compreensivamente significativa, a não ser que essa concepção lhe seja comunicada por meio dos processos sociais. Os processos que interiorizam o mundo socialmente objetivado são *os mesmos* processos que interiorizam as identidades socialmente conferidas. O indivíduo é socializado para ser determinada pessoa e *habitar* determinado mundo. A identidade subjetiva e a realidade subjetiva são produzidas na mesma dialética (aqui, no sentido etimológico literal) entre o indivíduo e aqueles outros significativos que estão encarregados de sua socialização.[20] É possível resumir a formação dialética da identidade pela afirmação de que o indivíduo se torna aquilo que os outros o consideram quando tratam com ele. Pode-se acrescentar que o indivíduo se apropria do mundo em conversação com os outros e, além disso, que tanto a identidade como o mundo permanecem reais para ele enquanto ele continua a conversação.

---

[20] A expressão "outros significativos" também deriva de Mead. Ela teve aceitação geral na psicologia social americana.

O último ponto é muito importante, porque supõe que a socialização nunca pode ser completada, que deve ser um processo contínuo através de toda a existência do indivíduo. Este é o lado subjetivo da já observada precariedade de todos os mundos construídos pelo homem. A dificuldade de manter de pé um mundo se expressa psicologicamente na dificuldade de manter esse mundo subjetivamente plausível. O mundo é construído na consciência do indivíduo pela conversação com os que para ele são significativos (como os pais, os mestres, os amigos). O mundo é mantido como realidade subjetiva pela mesma espécie de conversação, seja com os mesmos interlocutores importantes, ou com outros novos (tais como cônjuges, amigos ou outras relações). Se essa conversação é rompida (o cônjuge morre, os amigos desaparecem, ou a pessoa deixa seu primeiro meio social), o mundo começa a vacilar, a perder sua plausibilidade subjetiva. Por outras palavras, a realidade subjetiva do mundo depende do tênue fio da conversação. A razão de muitos de nós não termos consciência dessa precariedade, a maior parte do tempo, está na continuidade de nossa conversação com os interlocutores importantes. A manutenção dessa continuidade é um dos mais importantes imperativos da ordem social.

A interiorização implica, portanto, em que a facticidade objetiva do mundo social se torne igualmente uma facticidade subjetiva. As instituições se apresentam ao indivíduo como *data* do mundo objetivo exterior a ele, mas são agora também *data* de sua própria consciência. Os programas institucionais estabelecidos pela sociedade são subjetivamente reais como atitudes, motivos e projetos de vida. O indivíduo se apropria da realidade das instituições juntamente com os seus papéis e sua identidade. O indivíduo faz seus, por exemplo, como realidades, as disposições particulares de parentesco vigentes na sua sociedade. *Ipso facto*, ele assume os papéis que lhe são atribuídos nesse contexto e aprende a sua própria identidade em termos desses papéis. Assim, ele não só desempenha o papel de tio, mas é um tio. E, se a socialização foi bastante bem-sucedida, não deseja ser alguma outra coisa. Suas atitudes para com os outros e seus motivos para determinadas ações são endemicamente avunculares. Se vive numa sociedade que estabeleceu a condição de tio como instituição de central importância (não as nossas, é claro, mas a maioria das sociedades matrilineares), conceberá toda a sua biografia (passada, presente e futura) em termos de sua carreira *como* um tio. Mais ainda: poderá até sacrificar-se a si mesmo pelos sobrinhos e derivar consolação do fato de que sua própria vida continuará neles. O mundo socialmente objetivado ainda é apreendido como facticidade externa. Tios, irmãos, sobrinhos existem na realidade objetiva, comparáveis em facticidade às espécies de animais ou pedras. Mas esse mundo objetivo também é apreendido agora como inteligibilidade subjetiva. Sua opacidade inicial (digamos, para a criança, que precisa aprender a tradição do tio) transmudou-se em uma transparência interna. O indivíduo pode agora olhar para dentro de si mesmo e, nas profundezas do seu ser subjetivo, pode "descobrir-se" como um tio. Nesse ponto, supondo sempre um grau de socialização bem- sucedida, a introspecção se torna um método viável para a descoberta de significados institucionais.[21]

O processo de interiorização deve sempre ser entendido como apenas um momento do processo dialético maior que também inclui os momentos da exteriorização e da objetivação. Se isso não é feito, emerge um quadro de determinismo mecanicista, no qual o indivíduo é produzido pela sociedade como o efeito é produzido pela causa na natureza. Tal quadro distorce o fenômeno social. A interiorização não só é uma parte da dialética mais ampla deste último, como a socialização do indivíduo também

---

[21] Acreditamos que essa afirmação da introspecção como método viável para a compreensão da realidade social, depois de uma socialização bem-sucedida, pode servir como ponte entre as proposições, aparentemente contraditórias, de Durkheim, sobre a opacidade subjetiva dos fenômenos sociais, e de Weber, sobre a possibilidade de Verstehen.

ocorre de maneira dialética.²² O indivíduo não é modelado como uma coisa passiva, inerte. Ao contrário, ele é formado no curso de uma prolongada conversação (uma dialética, na acepção literal da palavra) em que ele é *participante*. Ou seja, o mundo social (com suas instituições, papéis e identidades apropriados) não é passivamente absorvido pelo indivíduo, e sim *apropriado* ativamente por ele. Além disso, uma vez formado o indivíduo como pessoa, com uma identidade objetiva e subjetivamente reconhecível, ele deve continuar a participar da conversação que o sustenta como pessoa na sua biografia em marcha. Isto é, o indivíduo continua a ser um *coprodutor* do mundo social, e assim de si mesmo. Por pequeno que seja o seu poder de mudar as definições sociais da realidade, ele deve ao menos continuar a dar a sua aquiescência aos que o formam como pessoa. Mesmo que ele negasse essa coprodução (digamos, como sociólogo ou psicólogo positivista), continua da mesma forma a ser coprodutor do seu mundo – e, na verdade, a sua negação disto entra na dialética como fator formativo do mundo e dele mesmo. A relação entre o indivíduo e a linguagem pode, ainda uma vez, ser tomada como paradigma da dialética da socialização. A linguagem se apresenta ao indivíduo como facticidade objetiva. Ele se apropria subjetivamente dela travando interação linguística com os outros. No decurso dessa interação, entretanto, modifica inevitavelmente a linguagem, mesmo que (digamos, como um gramático formalista) negasse a validade dessas modificações. Além disso, sua contínua participação na linguagem é uma parte da atividade humana, que é a única base ontológica da linguagem em questão. A linguagem existe porque ele, juntamente com os outros, continua a empregá-la. Em outras palavras, tanto em relação à linguagem como em relação ao mundo socialmente objetivado como um todo pode-se dizer que o indivíduo fica

---

²² O caráter dialético da socialização é expresso nos conceitos de Mead sobre o "eu" e o "mim". Cf. *op. cit.*, p. 173ss.

"replicando" ao mundo que o formou e desse modo continua a manter este último como realidade.

Agora, torna-se compreensível a proposição de que o mundo socialmente construído é, acima de tudo, uma ordenação da experiência. Uma ordem significativa, ou nomo, é imposta às experiências e sentidos discretos dos indivíduos.[23] Dizer que a sociedade é um empreendimento de construção do mundo equivale a dizer que é uma atividade ordenadora, ou nomizante. O pressuposto disto é dado, como acima se indicou, pela constituição biológica do *homo sapiens*. O homem, ao qual foram negados biologicamente os mecanismos ordenadores de que são dotados os outros animais, é obrigado a impor a sua própria ordem à experiência. A socialidade do homem pressupõe o caráter coletivo dessa atividade ordenadora. A ordenação da experiência é própria a toda espécie de interação social. Toda ação social supõe que o sentido individual seja dirigido aos outros e a interação social contínua importa em que os diversos sentidos dos atores se integrem numa ordem de significado comum.[24] Seria errôneo supor que essa consequência nomizante da interação social deva, desde o início, produzir um nomo que abarque *todas* as experiências e significações discretas dos participantes individuais. Se se é capaz de imaginar uma sociedade nas suas primeiras origens (algo, é claro, de empiricamente não disponível), pode-se supor que o alcance do nomo comum se expande quando a interação social passa a incluir áreas cada vez maiores de significado comum. Não tem sentido imaginar que esse nomo deva incluir a totalidade dos significados individuais. Assim como não pode haver indivíduo totalmente socializado, assim sempre haverá também significados individuais que permanecem fora ou à margem do nomo comum. Na verdade, como se verá logo

---

[23] O termo "nomo" é indiretamente derivado de Durkheim a partir do conceito de anomia. Este último foi primeiramente desenvolvido em seu *Suicide*. Glencoe, Ill.: Free Press, 1951; cf. especialmente p. 241ss.

[24] A definição da ação social em termos de significado deriva de Weber. As implicações desta definição em termos do "mundo" social foram especialmente desenvolvidas por Schutz.

adiante, as experiências marginais do indivíduo são de considerável importância para a compreensão da existência social. Apesar disso, há uma lógica inerente que impele todo nomo a expandir-se em áreas mais amplas de significado. Embora a atividade ordenadora da sociedade nunca atinja a totalidade, pode ainda assim ser descrita como totalizante.[25]

O mundo social constitui um nomo tanto objetiva como subjetivamente. O nomo objetivo é dado no processo de objetivação como tal. O fato da linguagem, embora tomado em si mesmo, pode logo ser visto como a imposição da ordem sobre a experiência. A linguagem nomiza, impondo diferenciação e estrutura no fluxo ininterrupto da experiência. Quando um item da experiência é nomeado, é *ipso facto* retirado desse fluxo e ganha estabilidade *como* a entidade assim nomeada. A linguagem proporciona, além disso, uma ordem fundamental de relações pela adição da sintaxe e da gramática ao vocabulário. É impossível usar a linguagem sem participar de sua ordem. Pode-se dizer que toda linguagem empírica constitui um nomo em formação, ou com igual validade, uma consequência histórica da atividade nomizante de gerações de homens. O ato nominante original é dizer que um item é *isto* e, portanto, *não aquilo*. Quando esta incorporação original do item numa ordem que inclui outros itens é seguida de designações linguísticas mais distintas (o item é masculino, e não feminino, singular, e não plural, substantivo, e não verbo, e assim por diante), o ato nomizante visa a uma ordem compreensiva de *todos* os itens que possam ser objetivados linguisticamente, isto é, visa a um nomo totalizante.

Sobre o fundamento da linguagem, e por meio dela, é construído o edifício cognitivo e normativo que passa por "conhecimento" numa sociedade. Naquilo que "sabe", toda sociedade

---

[25] O termo "totalização" deriva de Jean-Paul Sartre. Cf. sua *Critique de la raison dialectique*. Vol. I. Paris: Gallimard, 1960.

impõe à experiência uma ordem de interpretação que se torna "conhecimento objetivo" mediante o processo de objetivação discutido acima. Só uma parte relativamente pequena desse edifício é constituída de teorias desta ou daquela espécie, embora o "conhecimento" teórico seja particularmente importante porque contém usualmente o corpo das interpretações "oficiais" da realidade. A maior parte do "conhecimento" objetivamente socializado é pré-teórico. Consiste em esquemas interpretativos, máximas morais e coleções de sabedoria tradicional que o homem da rua frequentemente compartilha com os teóricos. As sociedades variam quanto ao grau de diferenciação de seus corpos de "saber". Sejam essas variações quais forem, toda sociedade fornece aos seus membros um corpo disponível de "saber". Participar da sociedade é partilhar do seu "saber", ou seja, coabitar o seu nomo.

 O nomo objetivo é interiorizado no decurso da socialização. O indivíduo se apropria dele tornando-o sua própria ordenação subjetiva da experiência. É em virtude dessa apropriação que o indivíduo pode "dar sentido" à sua própria biografia. Os elementos discrepantes da sua vida passada são ordenados em termos do que ele "sabe objetivamente" sobre a sua própria condição e a dos outros. Sua contínua experiência se integra na mesma ordem, embora a última possa ter de ser modificada para permitir essa integração. O futuro atinge uma forma significativa porque se projeta nessa mesma ordem. Em outras palavras, viver num mundo social é viver uma vida ordenada e significativa. A sociedade é a guardiã da ordem e do sentido não só objetivamente, nas suas estruturas institucionais, mas também subjetivamente, na sua estruturação da consciência individual.

 É por esse motivo que a separação radical do mundo social, ou anemia, constitui tão séria ameaça ao indivíduo.[26] O indiví-

---

[26] "Anomy" [N.T.: "anomia", em português] é uma adaptação da *anomie* de Durkheim, usada por vários sociólogos americanos, mas não por Robert Merton (que procurou integrar o conceito no âmbito da teoria estrutural-fun- cionalista, mantendo a forma francesa).

duo não perde, nesses casos, apenas os laços que satisfazem emocionalmente. Perde a sua orientação na experiência. Em casos extremos, chega a perder o senso da realidade e da identidade. Torna-se anômico no sentido de se tornar sem mundo. Assim como se constrói e sustenta um nomo do indivíduo na conversação com interlocutores importantes para ele, assim o indivíduo é mergulhado na anomia quando essa conversação é radicalmente interrompida. As circunstâncias de tal ruptura nômica podem, é claro, variar. Poderiam envolver grandes forças coletivas, como a perda de *status* de todo o grupo social ao qual o indivíduo pertence. Poderiam ser mais estritamente biográficas, como a perda dos outros significativos pela morte, pelo divórcio ou separação física. É assim possível falar de estados de anomia coletivos e individuais. Em ambos os casos, a ordem fundamental em termos da qual o indivíduo pode "dar sentido" à sua vida e reconhecer a própria identidade, estará em processo de desintegração. O indivíduo não só começará a perder as suas posturas morais, com desastrosas consequências psicológicas, como também se tornará inseguro quanto às suas posições cognitivas. O mundo começa a vacilar no exato momento em que a conversação que o sustenta começa a esmorecer.

O nomo socialmente estabelecido pode, assim, ser entendido, talvez no seu aspecto mais importante, como um escudo contra o terror. Ou por outras, a mais importante função da sociedade é a nomização. A pressuposição antropológica disso é uma exigência humana de sentido que parece ter a força de um instinto. Os homens são congenitamente forçados a impor uma ordem significativa à realidade. Essa ordem pressupõe, no entanto, o empreendimento social de ordenar a construção do mundo. Ser segregado da sociedade expõe o indivíduo a uma porção de perigos que ele é incapaz de enfrentar sozinho; num caso extremo, ao perigo de extinção iminente. Ser separado da sociedade inflige também ao indivíduo intoleráveis tensões psicológicas, tensões que se fundam no fato radicalmente antropológico da socialidade. O perigo supremo de tal separação é, no entanto, o perigo da ausência de sentido. Esse perigo é o pesadelo por excelência, em que o indivíduo é mergulhado num mundo de desordem, incoerência e loucura. A realidade e a identidade são malignamente transformadas em figuras de horror destituídas de sentido. Estar na sociedade é ser "são" precisamente no sentido de ser escudado da suprema "insanidade" de tal terror. A anomia é intolerável até o ponto em que o indivíduo pode, em vez dela, preferir a morte. Reciprocamente, a existência num mundo nômico pode ser buscada com o custo de todas as espécies de sacrifício e sofrimento – e até com o custo da própria vida, se o indivíduo estiver persuadido de que esse sacrifício supremo tem alcance nômico.[27]

A qualidade protetora da ordem social se patenteia de modo especial ao se considerar as situações marginais da vida do indivíduo, isto é, as situações em que ele é levado até as proximidades ou para além dos limites da ordem que determina a sua rotina, a existência cotidiana.[28] Essas situações marginais ocorrem comumente nos sonhos e na imaginação. Podem surgir no horizonte da consciência como suspeitas obsessivas de que o mundo possa ter outro aspecto que não o seu aspecto "normal", isto é, que as definições previamente aceitas da realidade possam ser frágeis e até fraudulentas.[29] Essas suspeitas se estendem à identidade própria e à dos outros, postulando a possibilidade de metamorfoses catastróficas. Quando tais suspeitas invadem as áreas centrais da consciência, elas assumem, naturalmente, as constelações que a moderna psiquiatria denominaria neuróticas

---

[27] Isto sugere que haja suicídios nômicos e anômicos, um tópico que é mencionado, mas não desenvolvido por Durkheim em sua discussão de "suicídio altruísta" (*Suicide*, p. 217ss.).

[28] O conceito de "situações marginais" (*Grenzsituationen*) deriva de Karl Jaspers. Cf. especialmente sua *Philosophie*. S.l./s.ed.,1932.

[29] A noção de "outro aspecto" da realidade foi desenvolvida por Robert Musil, em seu grande romance inacabado Der Mann ohne *Eigenschaften*, no qual é um dos temas principais. Para uma discussão crítica, cf. Ernst Kaiser e Eithne Wilkins, *Robert Musil*. Stuttgart: Kohlhammer, 1962.

ou psicóticas. Seja qual for o *status* dessas constelações (sobre as quais a psiquiatria formula, em geral, o seu juízo com demasiado açodamento, justamente por estar firmemente arraigada nas definições cotidianas, "oficiais", sociais da realidade), o profundo terror que encerram para o indivíduo está na ameaça que constituem ao seu nomo previamente operativo. A situação marginal por excelência é, contudo, a morte.[30] Assistir à morte de outros (notadamente, é claro, a dos outros que se revestem de uma importância especial) e antevendo a própria morte, o indivíduo é fortemente impelido a pôr em questão os procedimentos cognitivos e normativos operantes *ad hoc* na sua vida "normal" na sociedade. A morte constitui para a sociedade um formidável problema não só devido à sua óbvia ameaça à continuidade das relações humanas, mas também porque põe em xeque os pressupostos básicos da ordem sobre os quais descansa a sociedade.

Em outras palavras, as situações marginais da existência humana revelam a inata precariedade de todos os mundos sociais. Toda realidade socialmente definida permanece ameaçada por "irrealidades" à espreita. Todo nomo socialmente construído deve enfrentar a possibilidade constante de ruir em anomia. Visto na perspectiva da sociedade, todo nomo é uma área de sentido esculpida de uma vasta massa de carência de significado, uma pequenina clareira de lucidez numa floresta informe, escura, sempre ominosa. Visto da perspectiva do indivíduo, todo nomo representa o luminoso "lado diurno" da vida, precariamente oposto às sinistras sombras da "noite". Em ambas as perspectivas, todo nomo é um edifício levantado diante das poderosas e estranhas forças do caos. Esse caos deve ser mantido em xeque a todo custo. Para assegurar isso, toda sociedade desenvolve procedimentos que ajudam seus

---

[30] O conceito da morte como a mais importante situação marginal deriva de Martin Heidegger. Cf. especialmente seu *Sein und Zeit*. S.l/s.ed.,1929).

membros a ficar "orientados para a realidade" (isto é, a ficar dentro da realidade como é definida "oficialmente") e a "voltar à realidade" (isto é, voltar das esferas marginais da "irrealidade" ao nomo socialmente estabelecido). Esses procedimentos terão de ser examinados mais de perto um pouco mais adiante. Por enquanto, contentemo-nos com dizer que o indivíduo recebe da sociedade vários métodos para diferir o mundo de pesadelo da anomia e conservar-se dentro dos limites seguros do nomo estabelecido.

O mundo social se esforça, na medida do possível, por ser considerado como uma coisa óbvia.[31] A socialização obtém êxito na medida em que essa qualidade de ser aceita como coisa evidente é interiorizada. Não basta que o indivíduo considere os sentidos-chave da ordem social como úteis, desejáveis ou corretos. É muito melhor (melhor, isto é, em termos de estabilidade social) que ele os considere como inevitáveis, como parte e parcela da universal "natureza das coisas". Se isso for conseguido, o indivíduo que se desgarra seriamente dos programas socialmente definidos pode ser considerado não só como um idiota ou um canalha, mas como um louco. Subjetivamente, portanto, o desvio sério provoca não só culpa moral, mas o terror da loucura. Por exemplo, o programa sexual de uma sociedade é aceito como uma coisa óbvia não apenas como dispositivo utilitário ou moralmente correto, mas como uma inevitável expressão da "natureza humana". O chamado "pânico homossexual" pode servir de excelente ilustração do terror desencadeado pela recusa desse programa. Com isso não se nega que esse terror seja também alimentado pelas apreensões práticas e remorsos de consciência, mas a sua mola propulsora fundamental é o pavor de ser alijado às trevas exteriores que separam o indivíduo da ordem "normal" dos homens. Em outras palavras, os programas institucionais são dotados de um *status*

---

[31] O conceito do mundo como coisa óbvia é derivado de Schutz. Cf. especialmente seus *Collected Papers*. Dordrecht/Boston/London: Kluwer Academic Publishers, 1990. Vol. I, p. 207ss.

ontológico a tal ponto que negá-los equivale a negar o próprio ser – o ser da ordem universal das coisas e, consequentemente, o que se é nessa ordem.

Sempre que o nomo socialmente estabelecido atinge a qualidade de ser aceito como expressão da evidência, ocorre uma fusão do seu sentido com os que são considerados os sentidos fundamentais inerentes ao universo. Nomo e cosmos aparecem como coextensivos. Nas sociedades arcaicas, o nomo aparece como um reflexo microcósmico, o mundo dos homens como expressão de significados inerentes ao universo como tal. Na sociedade contemporânea, essa cosmificação arcaica do mundo social se inclina a tomar a forma de proposições "científicas" sobre a natureza do homem ao invés da natureza do universo.[32] Sejam quais forem as variações históricas, a tendência é de que os sentidos da ordem humanamente construída sejam projetados no universo como tal.[33] É fácil ver como essa projeção tende a estabilizar as tênues construções nômicas, embora o modo dessa estabilização tenha de ser investigada mais profundamente. Em todo caso, quando o nomo aparece como expressão óbvia da "natureza das coisas", entendido cosmologicamente ou antropologicamente, dá-se-lhe uma estabilidade que deriva de fontes mais poderosas do que os esforços históricos dos seres humanos. É neste ponto que a religião entra significativamente em nossa discussão.

A religião é o empreendimento humano pelo qual se estabelece um cosmos sagrado.[34] Ou por outra, a religião é a

---

[32] O termo "cosmização" deriva de Mircea Eliade. Cf. seu *Cosmos and History*. Nova York: Harper, 1959, p. 10s.

[33] O conceito de projeção foi desenvolvido primeiramente por Ludwig Feuerbach. Tanto Marx quanto Nietzsche o tomaram dele. Foi a derivação nietzscheana que se tornou importante em Freud.

[34] Esta definição é tirada de Rudolf Otto e Mircea Eliade. Para a discussão do problema da definição da religião num contexto sociológico, cf. Apêndice I. A religião é definida aqui como um empreendimento humano porque é assim que ela se manifesta como fenômeno empírico. No âmbito dessa definição, a questão de se saber se a religião pode também ser algo mais que isso é omitida como, é claro, deve-se fazer em qualquer tentativa de compreensão científica.

cosmificação feita de maneira sagrada. Por sagrado entende-se aqui uma qualidade de poder misterioso e temeroso, distinto do homem e todavia relacionado com ele, que se acredita residir em certos objetos da experiência.[35] Essa qualidade pode ser atribuída a objetos naturais e artificiais, a animais, ou a homens, ou às objetivações da cultura humana. Há rochedos sagrados, instrumentos sagrados, vacas sagradas. O chefe pode ser sagrado, como o pode ser um costume ou instituição particular. Pode-se atribuir a mesma qualidade ao espaço e ao tempo, como nos lugares e tempos sagrados. A qualidade pode finalmente encarnar-se em seres sagrados, desde os espíritos eminentemente locais às grandes divindades cósmicas. Estas últimas podem, por sua vez, ser transformadas em forças ou princípios supremos que governam o cosmos, e não mais concebidas em termos pessoais, mas ainda investidas do *status* de sacralidade. As manifestações históricas do sagrado variam muito, embora transversalmente se observem uniformidades na cultura (pouco importando, aqui, que essas uniformidades se devam interpretar como resultantes da difusão cultural ou de uma lógica interna da imaginação religiosa do homem). O sagrado é apreendido como algo que "salta para fora" das rotinas normais do dia a dia, como algo de extraordinário e potencialmente perigoso, embora seus perigos possam ser domesticados e sua força aproveitada para as necessidades cotidianas. Embora o sagrado seja apreendido como distinto do homem, refere-se ao homem, relacionando-se com ele de um modo em que não o fazem os outros fenômenos não humanos (especificamente, os fenômenos de natureza não sagrada). Assim, o cosmos postulado pela religião transcende, e ao mesmo tempo inclui, o homem. O homem enfrenta o sagrado como uma realidade imensamente poderosa distinta dele. Essa

---

[35] Para uma clarificação do conceito do sagrado, cf. Rudolf Otto, *Das Heilige*. Munique, Beck, 1963; Geradus van der Leeuw. *Religion in Essence and Manifestation*. Londres: George Allen & Unwin, 1938; Mircea Eliade, *Das Heilige und das Profane*. Hamburgo: Rowohlt, 1957. A dicotomia do sagrado e do profano é usada por Durkheim em seu *The Elementary Forms of the Religions Life*. Nova York: Collier Books, 1961.

realidade a ele se dirige, no entanto, e coloca a sua vida numa ordem, dotada de significado.

Num certo nível, o antônimo do sagrado é o profano, que se define simplesmente como a ausência do caráter sagrado. São profanos todos os fenômenos que não "saltam fora" como sagrados. As rotinas da vida cotidiana são profanas a não ser que, por assim dizer, se prove o contrário, caso em que se admite que estão impregnados, de um modo ou de outro, de poder sagrado (como no trabalho sagrado, por exemplo). Mesmo nesses casos, contudo, a qualidade sagrada atribuída aos acontecimentos ordinários da *própria* vida conserva o seu caráter extraordinário, um caráter que é tipicamente reafirmado por meio de vários ritos; a perda deste caráter equivale à secularização, isto é, a se conceber os acontecimentos como *puramente* profanos. A dicotomização da realidade em esferas sagrada e profana, conquanto relacionadas entre si, é intrínseca à especulação religiosa. Assim sendo, é obviamente importante para a análise do fenômeno religioso.

Num nível mais profundo, todavia, o sagrado tem outra categoria oposta, a do caos.[36] O cosmos sagrado emerge do caos e continua a enfrentá-lo como seu terrível contrário. Essa oposição entre o cosmos e o caos é frequentemente expressa por vários mitos cosmogônicos. O cosmos sagrado, que transcende e inclui o homem na sua ordenação da realidade, fornece o supremo escudo do homem contra o terror da anomia. Achar-se numa relação "correta" com o cosmos sagrado é ser protegido contra o pesadelo das ameaças do caos. Sair dessa "relação" correta" é ser abandonado à beira do abismo da incongruência. Não é fora de propósito observar aqui que o vocábulo "caos" deriva de uma palavra grega que quer dizer "voragem" e que "religião" vem de uma palavra latina que significa "ter cuidado". Por certo, aquilo sobre o que o homem anda "cuidadoso" é sobretudo o perigoso

---

[36] Cf. Eliade, *Cosmos and History*, New York: Harper, 1959, *passim*.

poder inerente às próprias manifestações do sagrado. Mas por trás desse perigo está o outro, muito mais horrível, de que se possa perder toda conexão com o sagrado e ser engolido pelo caos. Todas as construções nômicas destinam-se, como vimos, a afastar esse terror. No cosmos sagrado, porém, essas construções alcançam sua culminância, literalmente, a sua apoteose.

A existência humana é essencial e inevitavelmente uma atividade exteriorizante. No decorrer da exteriorização, os homens conferem significado à realidade. Toda sociedade humana é um edifício de significados exteriorizados e objetivados, que tendem sempre a uma totalidade inteligível. Toda sociedade está empenhada na empresa nunca completada de construir um mundo de significado humano. A cosmificação importa na significação desse mundo humanamente incompreensível com o mundo como tal, fundando-se agora o primeiro neste último, refletindo-o ou derivando dele nas suas estruturas fundamentais. Esse cosmos, fundamento último e convalidação dos *nomoi* humanos, não precisa necessariamente ser sagrado. Em tempos mais recentes, de modo particular, tem havido tentativas inteiramente seculares de cosmificação, entre as quais a ciência moderna é de longe a mais importante. Pode-se afirmar com segurança, no entanto, que originariamente toda cosmificação teve um caráter sagrado. Foi assim durante a maior parte da história humana, e não só durante os milênios da existência humana anteriores ao que agora chamamos de civilização. Historicamente considerados, os mundos do homem têm sido, na sua maioria, mundos sagrados. Na verdade, parece provável que só por meio do sagrado foi possível ao homem conceber um cosmos em primeiro lugar.[37]

Pode-se dizer, portanto, que a religião desempenhou uma parte estratégica no empreendimento humano da construção do

---

[37] Cf. Eliade, *Das Heilige und das Profane*, p. 38: "Die Welt laesst sich als 'Welt', als 'Kosmos' insofern fassen, als sie sich als heilige Welt offenbart".

mundo. A religião representa o ponto máximo da autoexteriorização do homem pela infusão dos seus próprios sentidos sobre a realidade. A religião supõe que a ordem humana é projetada na totalidade do ser. Ou, então, a religião é a ousada tentativa de conceber o universo inteiro como humanamente significativo.

2
RELIGIÃO E MANUTENÇÃO DO MUNDO

Todos os mundos socialmente construídos são intrinsecamente precários. Amparados pela atividade humana, são eles constantemente ameaçados pelos fatos humanos do egoísmo e da estultice. Os programas institucionais são sabotados por indivíduos com interesses conflitantes. Não raro os indivíduos os esquecem ou são incapazes de aprendê-los em primeiro lugar. Os processos fundamentais da socialização e controle social, na medida em que têm êxito, servem para atenuar essas ameaças. A socialização procura garantir um consenso perdurável no tocante aos traços mais importantes do mundo social. O controle social procura conter as resistências individuais ou de grupo dentro de limites toleráveis. Existe ainda outro processo centralmente importante que serve para escorar o oscilante edifício da ordem social. É o processo da legitimação.[1]

Por legitimação se entende o "saber" socialmente objetivado que serve para explicar e justificar a ordem social. Em outras palavras, as legitimações são as respostas a quaisquer perguntas sobre o "porquê" dos dispositivos institucionais. Cumpre anotar

---
[1] O termo "legitimação" é tirado de Weber, embora seja usado aqui com um sentido mais amplo.

uma porção de pontos com respeito a essa definição. As legitimações pertencem ao domínio das objetivações sociais, isto é, ao que passa por "saber" em determinada coletividade. Isso significa que elas têm um caráter de objetividade muito diferente das cogitações meramente individuais sobre o "porquê" e o "para quê" dos acontecimentos sociais. As legitimações podem, além disso, ser de caráter cognoscitivo e normativo. Não se limitam a dizer às pessoas o que *devem* ser. Não raro apenas propõem o que *é*. A moral do parentesco, por exemplo, expressa numa declaração como "Tu não deves dormir com X, tua irmã", é obviamente legitimante. Mas as asserções sobre o parentesco, tais como "Tu és irmão de X e ela é tua irmã", são legitimantes num sentido ainda mais fundamental. Para dizê-lo rudemente, a legitimação começa com declarações quanto à "coisa real e genuína". Só sobre esta base cognoscitiva é possível às proposições normativas adquirir significado. Seria, enfim, um grave erro identificar a legitimação com uma ideação teórica.[2] As "ideias" podem, é claro, ser importantes para os fins da legitimação. No entanto, o que passa por "saber" numa sociedade não é de modo algum idêntico ao corpo de "ideias" existente na sociedade. Há sempre pessoas interessadas em "ideias", mas nunca constituíram mais do que uma pequena minoria. Se a legitimação devesse consistir sempre em proposições teoricamente coerentes, só sustentaria a ordem social para aquela minoria de intelectuais que tem esses interesses teóricos – evidentemente um programa não muito prático. A legitimação é, portanto, em sua maior parte, de caráter pré-teórico.

Pelo exposto acima, deverá ter ficado bem claro que, em certo sentido, *todo* "saber" socialmente objetivado é legitimante. O nomo de uma sociedade legitima-se, antes de tudo, pelo simples

---

[2] A concentração na ideação teórica tem sido uma das maiores fraquezas da sociologia do conhecimento, conforme tem sido compreendida até aqui. A obra do autor sobre sociologia do conhecimento foi muito influenciada pela insistência de Schutz de que o conhecimento sociologicamente mais relevante é, precisamente, o do homem da rua, isto é, o "conhecimento do senso comum", e não as construções teóricas dos intelectuais.

fato de existir. As instituições estruturam a atividade humana. Quando os sentidos das instituições são integrados nomicamente, as instituições são *ipso facto* legitimadas, até o ponto em que as ações institucionalizadas aparecem como "evidentes por si mesmas" aos que as executam. Esse nível de legitimação já está incluído quando se fala da objetividade da ordem social. Em outras palavras, o mundo socialmente construído se legitima a si mesmo em virtude da sua facticidade objetiva. Contudo, legitimações adicionais são invariavelmente necessárias em qualquer sociedade. Essa necessidade se funda nos problemas da socialização e do controle social. Para que o nomo de uma sociedade possa ser transmitido de uma geração para outra, de tal modo que a nova geração venha também a "habitar" o mesmo mundo social, deverá haver fórmulas legitimadoras para responder às perguntas que surgirão inevitavelmente nas mentes da nova geração. As crianças querem saber "por que". Seus mestres precisam dar respostas convincentes. Além disso, como vimos, a socialização nunca é completa. Não só as crianças, mas também os adultos "esquecem" as respostas legitimadoras. Precisam ser sempre "lembrados". Em outras palavras, as fórmulas legitimadoras precisam ser repetidas. Essa repetição será, é claro, especialmente importante nas ocasiões de crise coletiva ou individual, quando o perigo de "esquecer" é mais agudo. Qualquer exercício de controle social exige também a legitimação além da facticidade autolegitimante dos dispositivos institucionais – precisamente porque essa facticidade é posta em dúvida pelos recalcitrantes, que precisam ser controlados. Quanto mais viva essa resistência, e mais drásticos os meios empregados para vencê-la, mais importante será dispor de legitimações extras. Essas legitimações servem para explicar por que a resistência não pode ser tolerada e para justificar os meios pelos quais é sufocada. Pode-se dizer, por conseguinte, que a facticidade do mundo social ou de qualquer parte dele basta para a autolegitimação enquanto não houver desafio. Quando surge um desafio, em qualquer forma que seja, a facticidade não mais pode ser tomada como coisa óbvia. A validade da ordem social precisa, então, ser explicada, tanto por causa dos desafiadores como por causa dos que enfrentam o desafio. As crianças precisam ser convencidas, mas os seus mestres também precisam sê-lo. Os malfeitores precisam ser condenados convincentemente, mas essa condenação deve também servir para justificar os seus juízes. A seriedade do desafio determinará o grau de esmero e perfeição das legitimações dadas como resposta.

A legitimação ocorre, portanto, em diversos níveis. É mister distinguir, primeiramente, entre o nível de facticidade autolegitimante e o de, por assim dizer, das legitimações secundárias tornadas necessárias pelos desafios lançados à facticidade. Pode-se, ainda, distinguir diversos níveis no último tipo de legitimações. Ao nível pré-teórico devem encontrar-se afirmações tradicionais simples cujo paradigma é: "É assim que se faz". Segue-se um nível incipientemente teórico (que dificilmente se há de incluir, contudo, na categoria das "ideias") em que a legitimação assume a forma de provérbios, máximas morais e sabedoria tradicional. Esse tipo de tradição popular legitimante pode ser ulteriormente desenvolvido e transmitido sob a forma de mitos, lendas ou contos populares. Só então se chega às legitimações explicitamente teóricas, pelas quais são explicados e justificados os setores específicos do "saber". Por fim, há as construções altamente teóricas pelas quais o nomo de uma sociedade é legitimado *in toto* e em que todas as legitimações menos que totais são teoricamente integradas numa cosmovisão que abrange tudo. Podemos descrever este último nível dizendo que aqui o nomo de uma sociedade atinge a consciência teórica.

A legitimação tem um aspecto objetivo e um aspecto subjetivo. As legitimações existem como definições disponíveis da realidade, objetivamente válidas. Constituem parte do "saber" objetivado da sociedade. Para se tornarem efetivas no respaldo da ordem social, terão, entretanto, de ser interiorizadas e servir para definir igualmente a realidade subjetiva. Em outras palavras, a legitimação efetiva importa no estabelecimento de uma simetria entre as definições objetiva e subjetiva da realidade. A realidade de um mundo enquanto socialmente definido deve ser mantida externamente, no trato dos homens uns com os outros, bem como internamente, na maneira pela qual o indivíduo apreende o mundo no íntimo de sua própria consciência. O objetivo essencial de todas as formas de legitimação pode, assim, ser descrito como manutenção da realidade, tanto no nível objetivo como no nível subjetivo.

Logo se verá que a área de legitimação é muito mais ampla do que a da religião, a partir de como estes dois termos foram definidos aqui. Existe, no entanto, uma importante relação entre os dois. Podemos descrevê-la dizendo simplesmente que a religião foi historicamente o instrumento mais amplo e efetivo de legitimação. Toda legitimação mantém a realidade socialmente definida. A religião legitima de modo tão eficaz porque relaciona com a realidade suprema as precárias construções da realidade erguidas pelas sociedades empíricas. As tênues realidades do mundo social se fundam no sagrado *realissimum*, que por definição está além das contingências dos sentidos humanos e da atividade humana.

Para se provar a eficácia da legitimação religiosa pode-se fazer, por assim dizer, uma pergunta de receita sobre a construção de mundos. Se alguém se imagina fundador plenamente consciente de uma sociedade, um misto de Moisés e Maquiavel, poderia perguntar a si mesmo o seguinte: Qual seria o melhor modo de garantir a futura continuação da ordem institucional, agora estabelecida *ex nihilo*? Há uma resposta óbvia à pergunta, formulada em termos de poder. Suponha-se, porém, que todos os meios de poder tenham sido de fato empregados – que todos os opositores tenham sido destruídos, que todos os meios de coerção estejam à disposição, que se tenham tomado providências razoavelmente seguras para a transmissão do poder aos sucessores designados do fundador da sociedade. Persiste o problema da legitimação, cuja urgência é maior devido à novidade e, portanto, à precariedade notória da nova ordem. A melhor maneira de resolver o problema seria aplicar a seguinte receita: interprete-se a ordem institucional de modo a ocultar o mais possível o seu caráter de coisa *construída*. Que aquilo que foi formado *ex nihilo* surja como a manifestação de alguma coisa que existiu desde o começo dos tempos, ou ao menos desde o começo deste grupo. Que as pessoas esqueçam que esta ordem foi estabelecida por homens e continua dependendo do seu consentimento. Que acreditem que, executando os programas institucionais que lhes foram impostos, limitam-se a realizar as mais profundas aspirações do seu ser e a se porem em harmonia com a ordem fundamental do universo. Em suma: estabelece legitimações religiosas. Há, é claro, imensas variações históricas na maneira como isso foi feito. De um modo ou de outro, a receita básica foi seguida através da maior parte da história humana. E, realmente, o exemplo de Moisés-Maquiavel, que elabora tudo com fria decisão, pode não ser assim tão irreal. Houve, na verdade, cabeças muito frias na história da religião.

A religião legitima as instituições infundindo-lhes um *status* ontológico de validade suprema, isto é, *situando-as* num quadro de referência sagrado e cósmico. As construções históricas da atividade humana são olhadas de um ponto privilegiado que, na sua própria auto- definição, transcende a história e o homem. Pode-se proceder a isto de diversas maneiras. Provavelmente, a mais antiga forma dessa legitimação consiste em conceber a ordem institucional como refletindo diretamente ou manifestando a estrutura divina do cosmos, isto é, conceber a relação entre a sociedade e o cosmos como uma relação entre o microcosmo e o macrocosmo.[3] Tudo "aqui em baixo" tem o seu análogo "lá

---

[3] Sobre o esquema microcosmo/macrocosmo, cf. Mircea Eliade, *Cosmos and History, op. cit.*, e Eric Voegelin, *Order and History*. Vol. I. Baton Rouge: Louisiana State University Press, 1956. A concepção de Voegelin das "civilizações cosmológicas" e a ruptura delas por meio do que ele chama de "saltos no ser" são de grande importância para este estudo.

em cima". Participando da ordem institucional, os homens, *ipso facto*, participam do cosmos divino. A estrutura do parentesco, por exemplo, se estende para além dos domínios do homem, concebendo-se todo ser (inclusive o ser dos deuses) segundo as estruturas do parentesco dadas na sociedade.[4] Pode, assim, existir não só uma "sociologia" totêmica, mas também uma "cosmologia" totêmica. As instituições sociais do parentesco podem, portanto, limitar-se a refletir a grande "família" de todo ser, de que os deuses participam em nível mais elevado. A sexualidade humana reflete a criação divina. Toda família humana reflete a estrutura do cosmos, não só no sentido de representá-la, mas também de encarná-la. Ou, em outro caso decisivo, a estrutura política simplesmente estende à esfera humana o poder do cosmos divino. A autoridade política é concebida como agente dos deuses, ou idealmente até como uma encarnação divina. O poder humano, o governo e o castigo se tornam, assim, fenômenos sacramentais, isto é, canais pelos quais forças divinas são aplicadas à vida dos homens para influenciá-los. O governante fala em nome dos deuses, ou *é* um deus, e obedecer-lhe equivale a estar em relação correta com o mundo dos deuses.

O esquema microcosmo/macrocosmo da legitimação da ordem social, típico das sociedades primitivas e arcaicas, sofre transformações nas civilizações mais desenvolvidas.[5] Essas transformações são, provavelmente, inevitáveis com certo desenvolvimento do pensamento humano para além de uma visão do mundo estritamente mitológica, ou seja, uma visão do mundo em que forças sagradas estão continuamente permeando a

---

[4] Acerca das implicações "cósmicas" da estrutura de parentesco, cf. *Elementary Forms of the Religions Life* de Durkheim. Nova York: Collier Books, 1961. Cf. também Claude Lévi-Strauss, *Les strutures élémentaires de la parenté*. Paris: Presses Universitaires de France, 1949 (tradução brasileira: *As Estruturas Elementares do Parentesco*. Petrópolis/ São Paulo:Vozes/Edusp, 1976), e *La pensée sauvage*. Paris: Plon, 1962 (tradução brasileira: *O Pensamento Selvagem*. São Paulo: Cia. Editora Nacional/ Edusp, 1970).

[5] Sobre as transformações do esquema microcosmo/macrocosmo, cf. Voegelin, *op. cit.*, especialmente o capítulo introdutório.

experiência humana. Nas civilizações da Ásia oriental, as legitimações mitológicas se transformaram em categorias filosóficas e teológicas de alto nível de abstração, embora os traços essenciais do esquema microcosmo/macrocosmo tenham ficado intactos.[6] Na China, por exemplo, a própria desmitificação de cunho acentuadamente racional, virtualmente secularizadora do conceito de *tao* (a "reta ordem" ou "maneira reta" das coisas) permitiu que persistisse a concepção da estrutura institucional como um reflexo da ordem cósmica. Na Índia, por outro lado, a noção do *dharma* (dever social, de um modo especial, o dever de casta) enquanto relaciona o indivíduo com a ordem geral do universo, sobreviveu à maioria das reinterpretações do sentido desta última. Em Israel, o esquema foi rompido pela fé num Deus radicalmente transcendente à história, e na Grécia pelo postulado da alma humana como base da ordenação racional do mundo.[7] As duas últimas transformações, levando, no caso israelita, à interpretação das instituições em termos de imperativos divinos revelados, no caso grego, às interpretações baseadas em suposições racionalmente concebidas sobre a natureza do homem. Tanto as transformações israelitas como as gregas levavam no seu bojo as sementes de uma visão secularizada da ordem social. Os desenvolvimentos históricos resultantes não precisam ocupar-nos no momento, nem o fato de que grandes massas humanas continuam a conceber a sociedade em termos essencialmente arcaicos até o nosso tempo e a despeito das transformações "oficiais" da realidade. O que importa sublinhar é que, mesmo onde o esquema microcosmo/macrocosmo foi rompido, a religião continuou, por vários séculos, a ser a principal agência de legitimação. Israel legitimou as suas instituições em termos da lei divinamente revelada, ao longo da sua existência

---

[6] Sobre as implicações sociológicas do esquema microcosmo/macrocosmo, cf. as obras de Weber sobre as religiões da Índia e da China. Cf. também Marcel Granet. *La pensée chinoise*. Paris: Albin Michel, 1934.

[7] Para uma análise detalhada da ruptura do esquema microcosmo/macrocosmo em Israel e na Grécia, cf. Voegelin, *op. cit.*, vol. I e vols. II-III, respectivamente.

como sociedade autônoma.⁸ A cidade grega, e suas instituições subsidiárias, continuaram a ser legitimadas em termos religiosos, e essas legitimações puderam até ser expandidas e aplicadas ao império romano numa era posterior.⁹

Recapitulando, a parte historicamente decisiva da religião no processo da legitimação é explicável em termos da capacidade única da religião de "situar" os fenômenos humanos em um quadro cósmico de referência. Toda legitimação serve para manter a realidade – isto é, a realidade, definida numa coletividade humana particular. A legitimação religiosa pretende relacionar a realidade humanamente definida com a realidade última, universal e sagrada. As construções da atividade humana, intrinsecamente precárias e contraditórias, recebem, assim, a aparência de definitiva segurança e permanência. Dito de outra maneira, os *nomoi* humanamente construídos ganham um *status* cósmico.

A cosmificação se refere, é claro, não só às estruturas nômicas gerais, mas às instituições e papéis específicos em dada sociedade. O *status* cósmico atribuído a eles é objetivado, isto é, torna-se parte da realidade objetivamente disponível das instituições e papéis em causa. Por exemplo, a instituição da realeza divina, e os vários papéis que a representam, é apreendida *como* um elo decisivo entre o mundo dos homens e o mundo dos deuses. A legitimação religiosa do poder envolvida nessa instituição não surge como uma justificação *ex post facto* de alguns teóricos, está objetivamente presente quando a instituição é encontrada pelo homem da rua na sua vida cotidiana. Na medida em que o homem da rua é incorporado à sua sociedade por uma socialização adequada, ele não pode conceber o rei a

---

⁸ Sobre a legitimação religiosa cm Israel, cf. R. de Vaux. *Les institutions de l'Ancien Testament*. Paris: Editions du Cerf, 1961.
⁹ Sobre a legitimação religiosa na Grécia e em Roma, a obra clássica para a sociologia da religião ainda é *The Ancient City* de Fustel de Coulanges. Essa obra é particularmente interessante, por causa de sua influência no pensamento de Durkheim sobre a religião.

não ser como investido de um papel que representa a ordem fundamental do universo – e, efetivamente, a mesma suposição pode ser feita para o próprio rei. Deste modo, o *status* cósmico da instituição é "experimentado" sempre que os homens entram em contato com ela no curso ordinário dos acontecimentos.[10]

Os "ganhos" desta modalidade de legitimação logo se tornam evidentes, quer seja considerada do ponto de vista da objetividade institucional, quer da consciência subjetiva individual. Todas as instituições possuem caráter de objetividade, e suas legitimações, qualquer que seja o conteúdo destas, devem constantemente revestir-se desta objetividade. As legitimações religiosas fundam, porém, a realidade socialmente definida das instituições na realidade última do universo, na realidade "como tal". Confere-se, assim, às instituições uma aparência de inevitabilidade, firmeza e durabilidade análogas a essas qualidades tais como se atribuem aos próprios deuses. Empiricamente, as instituições estão sempre mudando à medida que mudam as exigências da atividade humana sobre as quais elas se baseiam. As instituições estão sempre ameaçadas não só pelos estragos do tempo, mas também pelos conflitos e discrepâncias entre os grupos cujas atividades elas pretendem regular. Por outro lado, graças às legitimações cósmicas, as instituições são magicamente guindadas acima dessas contingências humanas e históricas. Tornam-se inevitáveis, porque são aceitas como óbvias não só pelos homens, mas também pelos deuses. Sua fragilidade empírica é transformada numa estabilidade subjugadora quando são compreendidas como meras manifestações da estrutura subjacente do universo. Transcendem a morte dos indivíduos e a dissolução de coletividades inteiras, porque se fundam agora em um tempo sagrado no qual a história humana é um simples episódio. Em certo sentido, por conseguinte, tornam-se imortais.

---

[10] Sobre a realeza divina, cf. Henri Frankfort. *Kingship and the Gods*. Chicago: University of Chicago Press, 1948.

Olhada do ponto de vista da consciência subjetiva individual, a cosmificação das instituições permite que o indivíduo tenha um senso definitivo da retidão moral, tanto cognoscitiva como normativa, nos papéis que se espera que ele represente na sociedade. O desempenho humano de um papel depende sempre do reconhecimento dos outros. O indivíduo só se pode identificar com um papel na medida em que os outros o identificaram com ele. Quando os papéis, e as instituições às quais eles pertencem, são investidos de importância cósmica, a autoidentificação cósmica com eles atinge nova dimensão. Com efeito, agora não só os outros seres humanos que o reconhecem da maneira apropriada ao seu papel, mas também os seres supra-humanos com que as legitimações cósmicas povoam o universo. Sua auto- identificação com o papel se torna, por conseguinte, mais profunda e estável. Ele é tudo aquilo com que a sociedade o identificou em virtude de uma verdade cósmica, por assim dizer, e seu ser social arraiga-se na realidade sagrada do universo. Ainda uma vez, a transcendência do tempo erosivo é de suprema importância aqui. Um provérbio árabe o enuncia concisamente: "Os homens esquecem, Deus se lembra". O que os homens esquecem, entre outras coisas, são as suas recíprocas identificações no jogo da sociedade. As identidades sociais e seus papéis correspondentes são dados ao indivíduo pelos outros, mas esses outros são também expostos a mudar ou retirar as atribuições. "Esquecem" quem era o indivíduo e, devido à dialética inerente de reconhecimento e autorreconhecimento, ameaçam as lembranças que ele próprio tem de sua identidade. Se ele pode supor, em todo caso, que Deus se lembra, suas tênues auto- identificações ganham um fundamento aparentemente garantido contra as reações variáveis dos outros homens. Deus se torna, assim, o outro mais confiável e definitivamente importante.[11]

---

[11] Esta discussão, é claro, aplica alguns conceitos importantes de George Herbert Mead à psicologia social da religião.

Quando a compreensão microcosmo/macrocosmo da relação entre a sociedade e o cosmos prevalece, o paralelismo entre as duas esferas estende-se tipicamente aos papéis específicos. Estes são entendidos como reiterações miméticas das realidades cósmicas que, se supõe, representam. Todos os papéis sociais são representações de complexos mais vastos de significados objetivados.[12] Por exemplo, o papel de pai representa ampla variedade de significados atribuídos à instituição da família e, mais geralmente, à institucionalização da sexualidade e das relações interpessoais. Quando este papel é legitimado em termos miméticos – o pai reiterando "aqui em baixo" as ações da criação, da soberania ou amor que têm os seus protótipos "lá em cima" – então o seu caráter representativo ganha notável realce. A representação dos sentidos humanos se torna *mimesis* dos mistérios divinos. O relacionamento sexual arremeda a criação do universo. A autoridade paterna arremeda a autoridade dos deuses; a solicitude paternal, a solicitude dos deuses. Como as instituições, portanto, os papéis se investem de uma qualidade de imortalidade. Sua objetividade, por conseguinte, acima e além das debilidades dos indivíduos que são os seus portadores "temporais", fortalece-se imensamente. O papel da paternidade defronta o indivíduo como uma facticidade divinamente outorgada, definitivamente intocável, e não só pelas suas próprias transgressões concebíveis contra ela, mas também por todas as vicissitudes históricas concebíveis. Não é preciso insistir que a legitimação dessa espécie acarreta sanções extremamente poderosas contra o desvio individual das execuções do papel prescrito.

Mas, mesmo onde a legitimação religiosa fica aquém da cosmificação, e não permite a transformação dos atos humanos em representações miméticas, ainda assim permite ao

---

[12] Essa discussão dos papéis como "representações" deve-se tanto a Durkheim quanto a Mead, pois o termo durkheimiano está colocado no contexto de uma abordagem mediana da psicologia social.

indivíduo desempenhar seus papéis com maior segurança de que são mais do que efêmeras produções humanas. Em todo caso, "lucrarão" esses papéis que foram rodeados por mandatos e sanções religiosas. Mesmo em nossa sociedade, por exemplo, onde a sexualidade, a família e o matrimônio são escassamente legitimados em termos miméticos, os papéis atinentes a essas esferas institucionais são eficazmente mantidos pelas legitimações religiosas. As formações contingentes de determinada sociedade histórica, as instituições particulares produzidas do polimórfico e maleável material da sexualidade humana, são legitimadas em termos de mandamento divino, "lei natural", e sacramento. Mesmo hoje em dia, portanto, o papel da paternidade tem não só certa qualidade d impessoalidade (isto é, poder desligar-se da pessoa particular que o desempenha – uma qualidade que se prende a todos os papéis sociais), mas, na sua legitimação religiosa, isso se torna uma qualidade de suprapersonalidade em virtude da sua relação com o pai celeste, que instituiu na terra a ordem a que o papel pertence.

Assim como a legitimação religiosa interpreta a ordem da sociedade em termos de uma ordem açambarcante e sagrada do universo, assim ela relaciona a desordem que é a antítese de todos os *nomoi* socialmente construídos ao abismo-hiante do caos, que é o mais velho antagonista do sagrado. Ir contra a ordem da sociedade é sempre arriscar-se a mergulhar na anomia. Ir contra a ordem da sociedade como é legitimada religiosamente é, todavia, aliar-se às forças primevas da escuridão. Negar a realidade como foi socialmente definida é arriscar-se a precipitar-se na irrealidade, porque é quase impossível, a longo prazo, sobreviver sozinho e, sem o respaldo social, manter de pé as próprias contradefinições do mundo. Quando a realidade socialmente definida veio a identificar-se com a realidade última do universo, negá-la assume a qualidade de mal e de loucura. O negador arrisca-se, então, a ingressar no que se pode chamar de qualidade negativa – se se quiser, a realidade do demônio. Isso está bem expresso naquelas mitologias arcaicas que confrontam a ordem divina do mundo (como o *tao* na China, *rta* na Índia, *ma'at* no Egito), com um submundo ou antimundo que tem uma realidade própria – negativa, caótica, destruidora de modo definitivo de tudo o que nele habita –, o reino das monstruosidades demoníacas. À medida que as tradições religiosas particulares se afastam da mitologia, as imagens forçosamente hão de mudar. Foi o que aconteceu, por exemplo, no modo altamente sofisticado como o pensamento indu posterior desenvolveu a dicotomia original do *rta* e do *anrta*. Mas o confronto fundamental entre a luz e as trevas, a segurança nômica e o abandono anômico, permanece. Assim, a violação do *dharma* de um indivíduo não é somente uma ofensa moral contra a sociedade, mas uma afronta contra a ordem suprema que abarca deuses e homens, e, na realidade, todos os seres.

Os homens esquecem. Precisam, por isso, que se lhes refresque constantemente a memória. Aliás, pode-se alegar que um dos mais antigos e importantes pré-requisitos para o estabelecimento da cultura é a instituição desses "lembretes", cujo caráter terrível durante muitos séculos é perfeitamente lógico à vista da desmemória", que se destinavam a combater.[13] O ritual religioso tem sido um instrumento decisivo desse processo de "rememoramento". Repetidas vezes, "torna presente" aos que nele tomam parte as fundamentais definições da realidade e suas apropriadas legitimações. Quanto mais retrocedemos

---

[13] "'Como se cria uma memória para o animal humano? Como se faz para imprimir algo na inteligência humana, parcialmente lerda, parcialmente volúvel, encarnação do esquecimento, para fazê-lo duradouro?'. Como se pode facilmente imaginar, as formas de se resolver este velho problema estiveram longe de ser delicadas: na verdade, talvez não haja nada mais terrível na primitiva história humana do que suas técnicas mnemônicas. Uma coisa é marcada a fogo na memória para ficar aí; somente o que fere vai perdurar – eis aí um dos mais antigos e, infelizmente, um dos mais resistentes axiomas psicológicos. (...) Sempre que o homem considerou necessário criar uma memória para si mesmo, seu esforço foi acompanhado pela tortura, pelo sacrifício, pelo sangue". Vide Friedrinch Nietzsche, The *Genealogy of Morals*. Garden City, N. Y.: Doubleday-Anchor, 1956, p. 192s.

historicamente, mais encontramos a ideação religiosa (na forma tipicamente mitológica) embutida na atividade ritual – para usarmos termos mais modernos – teologia embutida no culto. Um argumento se pode tirar do fato de que as mais antigas expressões religiosas eram sempre de caráter ritual.[14] A "ação" de um ritual (os gregos o chamavam *ergon*, ou "trabalho", do qual, diga-se de passagem, se deriva nossa palavra "orgia") consiste tipicamente de duas partes: as coisas que precisam ser feitas (*dromena*) e as coisas que precisam ser ditas (*legoumena*). As execuções do ritual estão estreitamente ligadas à reiteração das fórmulas sagradas que "tornam presentes uma vez mais os nomes e feitos dos deuses. Outro modo de exprimir isto é dizer que a ideação religiosa se funda na atividade religiosa, relacionando-se com ela de maneira dialética análoga à dialética entre a atividade humana e seus produtos já discutida num contexto mais amplo. Tanto os atos religiosos, como as legitimações religiosas, rituais e mitológicas, *dromena* e *legoumena*, servem *juntos* para "relembrar" os significados tradicionais encarnados na cultura e suas instituições mais importantes. Restauram sempre de novo a continuidade entre o momento presente e a tradição da sociedade, situando as experiências do indivíduo e dos vários grupos da sociedade no contexto de uma história (fictícia ou não) que os transcende a todos. Já se disse acertadamente que a sociedade, na sua essência, é uma memória.[15] Pode-se acrescentar que, através da maior parte da história humana, essa memória foi religiosa.

A interação dialética entre a atividade religiosa e a ideação religiosa aponta outro fato importante – o enraizamento da

---

[14] A concepção da religião como sendo incrustada no ritual foi fortemente enfatizada por Durkheim, que influenciou Robert Will em sua importante obra *Le culte*. Cf. também S. Mowinckel, *Rehgion und Kultus*. Göttingen; s.ed., 1953, e H. J. Kraus, *Gottesdienst in Israel*. Munique: CHR Kaiser, 1954.

[15] A formulação mais incisiva deste ponto na literatura sociológica é de Maurice Halbwachs: "La pensée sociale est essentiellement une mémoire". Vide M. Halbwachs. *Les cadres sociaux de la mémoire*. Paris: Presses Universitaires de France, 1952, p. 296.

religião nos interesses práticos de cada dia.[16] As legitimações religiosas, ou pelo menos a maioria delas, pouco sentido têm se concebidas como produções dos teóricos que a seguir são aplicadas *ex post facto* a complexos particulares de atividade. A necessidade de legitimação surge no decurso da atividade. Caracteristicamente, isto está na consciência dos atores antes que na dos teóricos. E, é claro, embora todos os membros da sociedade sejam atores dentro dela, só muito poucos são teóricos (mistagogos, teólogos, e outros semelhantes). O grau de elaboração teórica das legitimações religiosas variará de acordo com múltiplos fatores históricos, mas induziria em grave equívoco tomar em consideração apenas as legitimações mais sofisticadas. Para dizê-lo singelamente, a maior parte dos homens na história sentiu a necessidade de legitimação religiosa – mas só uns poucos se interessaram pelo desenvolvimento de "ideias" religiosas.

Isto *não* significa, porém, que onde existe uma ideação religiosa mais complexa nada mais seja do que um "reflexo" (isto é, uma dependente variável) dos interesses cotidianos práticos de que deriva. O termo "dialética" é útil precisamente para evitar essa falsa interpretação. As legitimações religiosas nascem da atividade humana, mas, uma vez cristalizadas em complexos de significados que se tornam parte de uma tradição religiosa, podem atingir certo grau de autonomia em relação a essa atividade. De fato, podem em seguida *retroagir* nas ações de cada dia, transformando estas últimas, por vezes radicalmente. É

---

[16] Esta discussão deve muito à concepção marxista da relação dialética entre infra e superestrutura (*Unterbau* e *Ueberbau*). A primeira não deve ser identificada com uma "base" econômica mas com a práxis em geral. Uma questão interessante é a de saber em que medida esta concepção está em contradição lógica com a tese de Weber da "afinidade eletiva" (*Wahlverwandschaft*) entre certas ideias religiosas e seus portadores (*Traeger*) sociais. Weber, é claro, pensava assim. Mas diríamos que essa sua convicção está relacionada ao fato de que sua obra precedeu, de mais de uma década, a reinterpretação de Marx estimulada pela redescoberta, em 1932, dos *Economic and Philosophical Manuscripts of 1844*. Para uma discussão muito interessante acerca da religião (especificamente, a religião no século XII na França) em termos de uma sociologia marxista da religião, cf. Lucien Goldmann, *Le Dieu Caché*. Paris: Gallimard, 1956.

provável que essa autonomia em relação aos interesses práticos aumente com o grau de sofisticação teórica. Por exemplo, o pensamento de um xamã tribal tende mais a ligar-se diretamente aos interesses práticos da sociedade do que o pensamento de um professor de teologia sistemática. Em todo caso, não seria certo supor *a priori* que compreender as raízes sociais de determinada ideia religiosa seja *ipso jacto* entender seu sentido posterior ou ser capaz de predizer as suas consequências sociais posteriores. Os "intelectuais" (religiosos ou não) desenvolvem, por vezes, ideias muito estranhas – e ideias muito estranhas têm, às vezes, efeitos históricos importantes.

A religião serve, assim, para manter a realidade daquele mundo socialmente construído no qual os homens existem nas suas vidas cotidianas. Seu poder legitimante tem, contudo, outra importante dimensão – a integração em um nomo compreensivo precisamente daquelas situações marginais em que a realidade da vida cotidiana é posta em dúvida.[17] Seria errôneo pensar que essas situações sejam raras. Pelo contrário, todo indivíduo passa por tal situação a cada vinte horas aproximadamente – na experiência do sono e, note-se bem, nos estágios de transição entre o sono e a vigília. No mundo dos sonhos a realidade de cada dia fica definitivamente fora. Nos momentos de transição, ao adormecer e ao acordar, novamente os contornos da realidade cotidiana são, no mínimo, menos firmes do que no estado da consciência plenamente desperta. A realidade da vida de cada dia é, portanto, continuamente envolvida por uma penumbra de realidades imensamente diferentes. Estas, sem dúvida, são segregadas na consciência como tendo um *status* cognoscitivo especial (na consciência do homem moderno, inferior) e assim geralmente impedidas de ameaçar maciçamente a realidade

---

[17] A expressão "situação marginal" é tirada de Jaspers, mas seu uso nessa discussão é fortemente influenciado por Schutz, particularmente em sua análise da relação entre a "realidade suprema" da vida cotidiana e o que ele chamou de "províncias finitas de significado". Cf. Schutz, *Collected Papers*. Vol. I. Haia: Nijhoff, 1962, p. 207ss.

primária da existência plenamente desperta. Mesmo então, porém, os "diques" da realidade cotidiana não são sempre impermeáveis à invasão daquelas outras realidades que se insinuam na consciência durante o sono. Há sempre os "pesadelos" que continuam a perseguir durante o dia – nomeadamente com o pensamento próprio de pesadelo, de que a realidade diurna pode não ser o que pretende ser, que por trás dela está à espreita uma realidade totalmente diferente que pode ser de tanta validade como a outra, que na realidade o mundo e o eu podem, no fim das contas, ser coisas muito diferentes daquilo que a sociedade em que o indivíduo leva a sua existência diurna define que são. Através da maior parte da história humana, essas outras realidades do lado noturno da consciência foram tomadas muito a sério *como* realidades, se bem que de um gênero diferente. A religião serviu para integrar estas realidades na realidade da vida cotidiana, às vezes (contrastando com o nosso enfoque moderno) consignando-lhes um *status* cognoscitivo *mais alto*. Relacionavam-se de diversas maneiras com a vida cotidiana os sonhos e as visões noturnas – como avisos, profecias ou encontros decisivos com o sagrado, tendo consequências específicas para a conduta cotidiana na sociedade. Num quadro moderno ("científico") de referência, a religião é, naturalmente, menos capaz de realizar essa integração. Outras conceituações legitimantes, tais como as da psicologia moderna, tomaram o lugar da religião. Como quer que seja, onde a religião continua a ser significativa como interpretação da existência, suas definições da realidade devem, de algum modo, ser capazes de explicar o fato de que há diferentes esferas de realidade na incessante experiência de cada um.[18]

---

[18] Mesmo hoje, é claro, a religião tem de lidar com essas realidades "marginais". Os esforços atuais para integrar a religião com as "descobertas" da "psicologia profunda" podem servir como uma importante ilustração. Esses esforços, deve-se acrescentar, pressupõem que as definições que os psicólogos dão da realidade tenham se tornado mais plausíveis que as da religião tradicional.

As situações marginais são caracterizadas pela experiência do "êxtase" (no sentido literal de *ek-stasis* – ficar, ou sair para *fora* da realidade, como é definida comumente). O mundo dos sonhos é extático no que respeita ao mundo da vida de cada dia, e esta última só pode conservar o seu *status* primário de consciência achando-se um modo de legitimar os êxtases num quadro de referência que inclua *ambas* as esferas da realidade. Outros estados corporais também produzem êxtases de espécie semelhante, notadamente os que são causados por moléstia ou intensa perturbação emocional. O confronto com a morte (ao se presenciar a morte dos outros ou ao se antecipar a própria morte pela imaginação) constitui o que é provavelmente a situação marginal mais importante.[19] A morte desafia radicalmente *todas* as definições socialmente objetivadas da realidade – do mundo, dos outros e de si mesmo. A morte põe radicalmente em questão a atitude de ver as coisas como evidentes, imposta pela atividade rotineira. Neste caso, tudo o que há no mundo cotidiano da existência em sociedade é maciçamente ameaçado de "irrealidade" – isto é, tudo naquele mundo se torna incerto, finalmente irreal, diferente do que se costumava pensar. Na medida em que o conhecimento da morte não pode ser evitado em nenhuma sociedade, as legitimações da realidade do mundo social *perante a morte* são exigências decisivas em qualquer sociedade. É óbvia a importância da religião em tais legitimações.

A religião mantém, por conseguinte, a realidade socialmente definida legitimando as situações marginais em termos de uma realidade sagrada de âmbito universal. Isto permite ao indivíduo que passa por essas situações continuar a existir no mundo da sua sociedade – não "como se nada tivesse acontecido", o que é psicologicamente difícil nas situações marginais mais extremas, mas por "saber" que mesmo esses acontecimentos ou experiências

---

[19] A concepção da morte como a mais importante situação marginal é tirada de Heidegger, mas a análise de Schutz da "ansiedade fundamental" desenvolveu este ponto dentro de sua teoria global da realidade da vida cotidiana.

têm um lugar no seio de um universo que tem sentido. É até possível assim ter "uma boa morte", isto é, morrer conservando até o fim um relacionamento pacífico com o nomo da sociedade a que se pertence – subjetivamente significativo para si mesmo e objetivamente significativo nas mentes dos outros.

Embora o êxtase das situações marginais seja um fenômeno da experiência individual, sociedades ou grupos sociais inteiros podem, em tempo de crise, passar coletivamente por tal situação. Em outras palavras, há acontecimentos que, afetando sociedades ou grupos sociais inteiros, proporcionam ameaças maciças à realidade previamente tomada como óbvia. Tais situações podem ocorrer como resultado de catástrofe natural, guerra ou levante social. Em tais conjunturas, as legitimações religiosas tomam quase invariavelmente a frente. Além disso, sempre que uma sociedade precisa motivar seus membros para matar ou arriscar a própria vida, consentindo assim em serem postos em situações marginais extremas, as legitimações religiosas adquirem importância. Assim, o exercício "oficial" da violência, seja na guerra ou na aplicação da pena capital, é quase invariavelmente acompanhado de simbolizações religiosas. Nesses casos, a legitimação religiosa tem a já discutida "vantagem" de deixar que o indivíduo diferencie a sua "verdadeira identidade pessoal" (que se atemoriza ou tem escrúpulos) e seu próprio eu *qua*, desempenhando um papel (soldado, carrasco ou o que seja, papéis nos quais ele pode posar de herói, vingador implacável, e assim por diante). Matar sob os auspícios das autoridades legítimas tem sido acompanhado desde tempos remotos até hoje da parafernália religiosa e do ritualismo. Os homens partem para a guerra e são mortos entre orações, bênçãos e encantamentos. Os êxtases de temor e violência são, por esses meios, mantidos dentro dos limites da "sanidade", isto é, da realidade do mundo social.

Para retornarmos ainda uma vez ao processo dialético entre a atividade religiosa e a ideação religiosa, há mais um aspecto extremamente importante para a tarefa religiosa de manter a realidade. Este aspecto se refere aos pré-requisitos socioestruturais de qualquer processo religioso (ou, no que diz respeito ao assunto, qualquer outro) de manutenção da realidade. É o que se pode formular do seguinte modo: os mundos são construídos socialmente e mantidos socialmente. Sua realidade perdurável, quer objetiva (como a facticidade comum, aceita como óbvia) quer subjetiva (como a facticidade impondo-se à consciência individual), depende de processos sociais *específicos*, a saber, aqueles processos que permanentemente reconstroem a mantêm os mundos particulares em apreço. Reciprocamente, a interrupção desses processos sociais ameaça a realidade (objetiva e subjetiva) dos mundos em apreço. Cada mundo requer, deste modo, uma "base" social para continuar a sua existência como um mundo que é real para os seres humanos reais. Essa "base" pode ser denominada a sua estrutura de plausibilidade.[20]

Este pré-requisito vale tanto para as legitimações como para os mundos ou *nomoi* que são legitimados. E vale, é claro, independentemente do fato de serem estes de teor religioso ou não. No contexto do presente debate, contudo, será útil concentrar-nos em exemplos de mundos religiosamente legitimados. Assim, por exemplo, o mundo religioso do Peru pré-colombiano foi objetiva e subjetivamente real enquanto a sua estrutura de plausibilidade, vale dizer, a sociedade inca pré-colombiana, permaneceu intacta. Objetivamente, as legitimações religiosas eram permanentemente confirmadas na atividade coletiva que ocorria no arcabouço desse mundo. Subjetivamente, eram reais para os indivíduos cuja vida se desenvolvia na mesma atividade coletiva (deixando de lado aqui o caso dos peruanos "desajustados"). De modo inverso, quando os conquistadores espanhóis destruíram essa estrutura de plausibilidade, a realidade do

---

[20] O conceito de estrutura de plausibilidade, como foi definido aqui, incorpora algumas concepções-chave de Marx, Mead e Schutz.

mundo baseada nela começou a desintegrar-se com aterradora rapidez. Fossem quais fossem as suas intenções, Pizarro, quando matou Atahualpa, começou a destruição de um mundo do qual o inca era não só o representante, mas o esteio essencial. Com tal ato, ele abalou um mundo, redefiniu a realidade, e consequentemente redefiniu a existência dos que tinham sido "habitantes" desse mundo. O que antes fora a existência no nomo do mundo incaico, tornou-se agora, em primeiro lugar, uma anomia indizível, depois uma existência mais ou menos nomizada na orla do mundo dos espanhóis – aquele outro mundo, alienígena e imensamente poderoso, que se impôs como facticidade negadora da realidade à consciência entorpecida dos vencidos. Grande parte da história do Peru, e da América Latina em geral, desde então tem sido afetada pelas consequências dessa catástrofe que abalou um mundo.

Estas considerações têm implicações de longo alcance quer para a sociologia, quer para a psicologia da religião. Houve tradições religiosas que encareceram vivamente a necessidade da comunidade religiosa – como a *koinonia* cristã, o *'umma* maometano, a *sangha* budista. Essas tradições suscitam problemas sociológicos e psicológicos particulares, e seria um erro reduzi-las todas a denominadores comuns abstratos. Entretanto, pode-se dizer que *todas* as tradições religiosas, independentemente das suas diversas "eclesiologias" ou ausência destas, exigem comunidades específicas para que se mantenha a sua plausibilidade. Nesse sentido, a máxima *extra ecclesiam nulla salus* tem uma aplicabilidade empírica geral, desde que se entenda *salus* num sentido teologicamente desagradável ao paladar, a saber, como plausibilidade persistente. A realidade do mundo cristão depende da presença de estruturas sociais nas quais essa realidade apareça como óbvia e em que sucessivas gerações de indivíduos sejam socializadas de tal modo que esse mundo será real para eles. Quando essa estrutura de plausibilidade perde sua integridade ou sua continuidade, o mundo cristão começa a vacilar e sua realidade deixa de se impor como verdade evidente. Esse é o caso do indivíduo – digamos, o cruzado, que foi aprisionado e é forçado a viver num ambiente muçulmano. É também o caso de grandes coletividades – como o demonstra com impressionante clareza toda a história da Cristandade ocidental desde a Idade Média. Sob esse aspecto, em que pesem as peculiaridades históricas da comunidade cristã, o cristão está sujeito à mesma dialética sociopsicológica que o muçulmano, o budista ou o índio peruano. Falhar na compreensão disso é expor-se a ficar cego com respeito aos desenvolvimentos históricos de grande importância que se deram em todas essas tradições.

O pré-requisito das estruturas de plausibilidade pertence a mundos religiosos inteiros bem como às legitimações destinadas a mantê-los, mas pode-se fazer mais uma diferenciação. Quanto mais firme a estrutura de plausibilidade, mais firme o mundo "baseado" nela. No caso-limite (empiricamente inacessível) isso significará que o mundo, por assim dizer, se postula a si mesmo e não exige outra legitimação além da sua simples presença. Esse é um caso sumamente improvável, quando não porque o ingresso de toda nova geração no mundo em causa, por meio da socialização, exigirá algum tipo de legitimação – as crianças *hão* de indagar "por que". Segue-se, no entanto, um corolário empiricamente mais importante: quanto menos firme se torna a estrutura de plausibilidade, mais aguda se tornará a necessidade de legitimações para a manutenção do mundo. De um modo característico, portanto, o desenvolvimento de legitimações complexas ocorre em situações em que as estruturas de plausibilidade são ameaçadas deste ou daquele modo. Por exemplo, a ameaça mútua do Cristianismo e do Islã na Idade Média exigiu que os teólogos de *ambos* os mundos sociorreligiosos produzissem legitimações que defendiam o próprio mundo de cada um contra o mundo contrário (e que, por sinal, incluíam uma "explicação" do outro mundo nos termos do seu próprio mundo). Este exemplo é particularmente instrutivo porque os teóricos antagônicos empregavam um aparelho intelectual essencialmente semelhante para seus objetivos opostos.[21]

É preciso sublinhar muito fortemente que o que se está dizendo aqui *não* implica numa teoria sociologicamente determinista da religião. Não se quer dizer que qualquer sistema religioso particular nada mais seja senão o efeito ou "reflexo" dos processos sociais. Pelo contrário. O que se afirma é que a *mesma* atividade humana que produz a sociedade também produz a religião, sendo que a relação entre os dois produtos é sempre dialética. É, assim, igualmente possível que, em determinado desenvolvimento histórico, um processo social seja o efeito da ideação religiosa, enquanto em outro desenvolvimento pode dar-se o contrário. A implicação do enraizamento da religião na atividade humana *não* é de que a religião seja sempre uma variável dependente na história de uma sociedade, e sim que ela deriva a sua realidade objetiva e subjetiva dos seres humanos, que a produzem e reproduzem ao longo de suas vidas. Isso suscita, porém, um problema de "engenharia social" para quem quer que deseje manter a realidade de determinado sistema religioso, porque, para manter sua religião, o indivíduo deve manter (ou, se necessário, fabricar) uma estrutura adequada de plausibilidade. As dificuldades práticas envolvidas nisso hão de, por certo, variar historicamente.

Uma variação teoricamente importante está entre situações em que uma sociedade inteira serve de estrutura de plausibilidade para um mundo religioso, e situações em que só uma subsociedade desempenha tal papel.[22] Em outras palavras, o

---

[21] Para uma excelente discussão disso, cf. Gustave Von Grunebaum, *Medieval Islam*. Chicago: University of Chicago Press, 1961, p. 31ss.

[22] Um dos pontos fracos mais importantes da teoria sociológica de Durkheim acerca da religião é a dificuldade de se interpretarem, dentro de seu quadro de referência, os fenômenos religiosos que não abrangem a sociedade toda: nos termos usados aqui, a dificuldade de se lidar com estruturas de plausibilidade subsociais. A análise de Weber sobre as diferenças entre "igreja" e "seita", como tipos de sociedades religiosas, é muito sugestiva a esse respeito, embora Weber não tenha desenvolvido as implicações cognitivas (no sentido da sociologia do conhecimento) do sectarismo. Para a psicologia social da manutenção da realidade, cf. Leon Festinger. *A Theory of Cognitive Dissonance*. Evanston, Ill.: Row, Peterson & Co., 1957; Milton Rokeach. *The Open and the Closed Mind*. Nova York: Basic Books, 1960; e Hans Toch. *The Social Psychology of Social Movements*. Indianapolis: Bobbs-Merrill, 1965.

problema de "engenharia social" diferencia monopólios religiosos e grupos religiosos buscando manter-se numa situação de competição pluralística. Não é difícil ver que o problema da manutenção do mundo é de solução menos difícil no primeiro caso. Quando toda uma sociedade serve de estrutura de plausibilidade para um mundo religiosamente legitimado, todos os processos sociais importantes dentro dela servem para confirmar e reconfirmar a realidade deste mundo. Isso acontece mesmo quando o mundo em causa é ameaçado *de fora*, como aconteceu no confronto entre cristãos e muçulmanos durante a Idade Média. O problema de "engenharia social" em tal situação, além de proporcionar o necessário contexto institucional para a socialização e ressocialização sob auspícios "corretos" (dados, nos dois exemplos, nos monopólios religiosos da educação, instrução e lei), envolve a proteção dos limites territoriais de cada estrutura de plausibilidade (sendo a fronteira militar entre os dois mundos igualmente uma fronteira cognoscitiva), estendê-los se possível (através de Cruzadas e Guerras Santas) e a manter controles eficazes sobre os desviados dentro dos respectivos territórios. Essa última providência pode ser tomada de várias maneiras, sendo a típica a destruição física dos indivíduos ou grupos desviados (a maneira cristã predileta, como na liquidação dos indivíduos heréticos pela Inquisição e a de subcomunidades heréticas durante a Cruzada contra os albigenses), e a segregação física desses indivíduos ou grupos de tal modo que lhes seja impossibilitado o contato significativo com os "habitantes" do mundo "correto" (a maneira preferida pelos muçulmanos, como se lê nas provisões do Corão para os "povos do livro" não muçulmanos e o sistema do *painço* que se desenvolveu a partir destes, embora a Cristandade usasse um método semelhante com os judeus no seu meio). Enquanto o sistema religioso particular pode manter seu monopólio numa base tão ampla como a sociedade, isto é, enquanto puder continuar a utilizar-se da sociedade inteira como sua estrutura plausível, esses modos de resolver o problema têm elevada probabilidade de êxito.

A situação muda drasticamente, é claro, quando sistemas religiosos diferentes, e seus respectivos "promotores" institucionais estão em competição pluralística uns com os outros. Por algum tempo, os velhos métodos de extermínio (como nas guerras de religião na Europa de após-Reforma) e segregação (como na "fórmula territorial" da Paz de Westfália, que encerrou a mais violenta dessas guerras) podem ser tentados. Mas pode tornar-se bem difícil matar ou pôr de quarentena os mundos desviados. O problema da "engenharia social" transforma-se, então, no de construir e manter subsociedades que podem servir de estruturas de plausibilidade para os sistemas religiosos desmonopolizados. Esse problema será reexaminado mais detalhadamente em outra parte deste livro. Contentemo-nos, por enquanto, com dizer, neste ponto, que essas estruturas subsocietárias de plausibilidade têm um caráter tipicamente "sectário", que cria em si mesmo dificuldades práticas e teóricas para os grupos religiosos em apreço, especialmente os que conservam os hábitos institucionais e intelectuais derivados dos dias felizes em que eram monopólios.

Para o indivíduo, existir em determinado mundo religioso significa existir no contexto social particular no seio do qual aquele mundo pode manter a sua plausibilidade. Onde o nomo da vida individual é mais ou menos coextensivo àquele mundo religioso, separar-se deste último implica ameaça de anomia. Assim, viajar em áreas onde não havia comunidades judias era não só ritualmente impossível como inerentemente anômico (isto é, ameaçava de desintegração anômica o único modo "correto" de viver que se podia conceber) para os judeus tradicionais, como viajar fora da Índia o era para o hindu tradicional. Tais viagens rumo às trevas deviam ser evitadas, não só porque a companhia dos comedores de porcos e profanadores de vacas causavam impureza legal, mas, o que era mais sério, porque sua companhia ameaçava a "pureza" do mundo hebraico ou hindu, isto é, a sua realidade subjetiva ou plausibilidade.

Deste modo, a angustiada pergunta dos exilados da Babilônia – "Como se pode adorar Iahweh numa terra estranha?" – tem uma dimensão cognoscitiva decisiva, que de fato tem sido *a* questão do judaísmo da diáspora desde então. Como todo mundo religioso se "baseia" numa estrutura de plausibilidade que é ela própria produto da atividade humana, todo mundo religioso é intrinsecamente precário na sua realidade. Em outras palavras, a "conversão" (isto é, a "transferência" individual para outro mundo) é sempre possível em princípio. Essa possibilidade aumenta com o grau de instabilidade ou descontinuidade da estrutura de plausibilidade em questão. Assim, o judeu cujo ambiente social era limitado pelos confins do gueto era muito menos inclinado à conversão do que o judeu que vivia nas "sociedades abertas" dos países modernos do Ocidente (referindo-se aqui a conversão à "emigração" do judaísmo tradicional para qualquer dos vários mundos "disponíveis" em tais sociedades, não necessariamente à conversão ao Cristianismo). Tanto as medidas teóricas para prevenir a conversão (a "apologética" sob todas as suas formas) como seus correlatos práticos (várias técnicas de "engenharia de manutenção" – desenvolvimento de instituições subsocietárias de "defesa", educação e sociabilidade, restrições voluntárias nos contatos sociais perigosos para a manutenção da realidade, endogamia voluntária de grupo, e assim por diante) aumentam de complexidade em tais conjunturas. Reciprocamente, o indivíduo que deseja converter-se e (o que é mais importante) "ficar convertido", deve planejar sua vida social de acordo com o seu objetivo. Precisa, assim, desligar-se daqueles indivíduos ou grupos que constituíam a estrutura de plausibilidade da sua antiga realidade religiosa, e associar-se tanto mais intensamente e (se possível) exclusivamente àqueles que servem para manter sua nova realidade religiosa. Numa palavra, a migração entre mundos religiosos significa migração entre suas respectivas estruturas de plausibilidade.[23] Este fato tem tanta importância para os que querem fomentar essas migrações como para os que desejam impedi-las. Em outras palavras, o mesmo problema sociopsicológico está envolvido na evangelização e na "cura de almas".

A sociologia da religião tem conseguido mostrar, em numerosos casos, a íntima relação entre a religião e a solidariedade social. É oportuno recordar, a esta altura do debate, a definição de religião usada um pouco acima – o estabelecimento, mediante a atividade humana, de uma ordem sagrada de abrangência universal, isto é, de um cosmos sagrado que será capaz de se manter na eterna presença do caos. Toda sociedade humana, qualquer que seja sua legitimação, deve manter a sua solidariedade perante o caos. A solidariedade religiosamente legitimada traz esse fato sociológico fundamental para um foco mais nítido. O mundo da ordem sagrada, em razão de ser uma produção humana incessante, é constantemente afrontado pelas forças desordenantes da existência humana no tempo. A precariedade de todo o mundo dessa espécie se revela toda vez que os homens esquecem ou põem em dúvida as afirmações que definem a realidade, toda vez que sonham sonhos de "loucura" que negam a realidade, e mais importante ainda, toda vez que deparam conscientemente com a morte. Toda sociedade humana, em última instância, consiste em homens unidos perante a morte. O poder da religião depende, em última instância, da credibilidade das bandeiras que coloca nas mãos dos homens quando estão diante da morte, ou mais exatamente, quando caminham, inevitavelmente, para ela.

---

[23] A narração psicológica clássica sobre a conversão continua a ser a de *Varieties of Religions Experiences* de William James. Mas seus pré-requisitos sociais foram mais bem compreendidos por estudos recentes sobre a "troca" cognitiva em "dinâmica de grupo" e na psicoterapia, bem como em doutrinação política coercitiva do tipo da "lavagem cerebral".

3
O PROBLEMA DA TEODICEIA

Todo nomo é estabelecido, repetidas vezes, contra a ameaça de sua destruição pelas forças anômicas, próprias à condição humana. Em termos religiosos, a sagrada ordem do cosmos é, repetidas vezes, reafirmada perante o caos. É evidente que esse fato cria um problema ao nível da atividade humana na sociedade, na medida em que essa atividade deve ser de tal modo institucionalizada, que continue a despeito da renovada intrusão na experiência individual e coletiva dos fenômenos anômicos (ou, preferindo-se, denomizante) do sofrimento, do mal e, sobretudo, da morte. Entretanto, coloca-se também um problema no nível da legitimação. Os fenômenos anômicos devem não só ser superados, mas também explicados – a saber, explicados em termos do nomo estabelecido na sociedade em questão. Uma explicação desses fenômenos em termos de legitimações religiosas, de qualquer grau de sofisticação teológica que seja, pode chamar-se uma teodiceia.[1]

---

[1] Essa definição é mais ampla que o uso do termo no pensamento teológico cristão, onde se originou. Nisso seguimos Weber; na verdade, todo este capítulo repousa na discussão dele sobre a teodiceia. Cf. especialmente a sessão sobre "Das Problem der Theodizee". In: M. Weber. *Wirtschaft und Gesellschaft*. Tübingen: Mohr, 1947. Vol. I, p. 296ss. Para uma tradução inglesa, cf. Idem. *The Sociology of Religion*. Boston: Beacon, 1963, p. 138ss.

Importa salientar aqui de modo especial (embora já se tenha procedido a isso no tocante às legitimações religiosas) que essa explicação não precisa vincular-se a um sistema teórico complexo. O camponês iletrado que comenta a morte de um filho referindo-a à vontade de Deus está se engajando na teodiceia tanto quanto o sábio teólogo que escreve um tratado para demonstrar que o sofrimento do inocente não nega a concepção de um Deus de bondade e poder ilimitados. Ainda assim, é possível diferenciar as teodiceias em termos do seu grau de racionalidade, isto é, o grau em que se prendem a uma teoria que explica de maneira coerente e consequente os fenômenos em causa em termos de uma visão compreensiva do universo.[2] Essa teoria, uma vez socialmente estabelecida, pode, evidentemente, refratar-se em diferentes níveis de sofisticação por toda a sociedade. Assim, o homem da roça, quando fala da vontade de Deus, pode ter em vista, embora de forma não articulada, a majestosa teodiceia construída pelo teólogo.

Há, contudo, um ponto fundamental que é preciso pôr a limpo antes de se examinarem os vários tipos de teodiceia e seus graus de racionalidade. É fato que há uma atitude fundamental, em si mesma muito irracional, subjacente a todos eles: a atitude da capitulação de si mesmo ante o poder ordenador da sociedade. Dito de outra maneira, todo nomo acarreta uma transcendência da individualidade e assim, *ipso facto*, implica uma teodiceia.[3] Todo nomo coloca o indivíduo perante uma realidade significativa que o envolve com todas as suas experiências. Infunde sentido à sua vida, mesmo nos seus aspectos discrepantes e penosos. Na verdade, como acima procuramos

---

[2] Weber distingue quatro tipos racionais de teodiceia: a promessa de compensação neste mundo; a promessa de compensação num "além"; o dualismo; a doutrina do *karma*. Nossa discussão aqui se baseia nessa tipologia, embora algumas modificações tenham sido introduzidas.

[3] A noção de caráter autotranscendente da religião foi desenvolvida por Durkheim, especialmente em suas *Elementary Forms of the Religions Life*. Nova York: Collier Books, 1961. Tentamos extrair aqui as implicações dessa noção durkheimiana para o problema da teodiceia.

mostrar, esta é a razão decisiva do estabelecimento dos *nomoi* em primeiro lugar. O nomo situa a vida do indivíduo numa trama de sentidos que tudo abarca; esta, pela sua própria índole, transcende essa vida. O indivíduo que interioriza adequadamente esses sentidos transcende, ao mesmo tempo, a si mesmo. Seu nascimento, os vários estágios de sua biografia e, por fim, a sua futura morte podem ser interpretados, agora, por ele, de um modo que transcende o lugar único desses fenômenos em sua experiência. A questão torna-se dramaticamente clara no caso dos ritos de passagem, tanto nas sociedades primitivas como nas mais complexas. Os ritos de passagem incluem, sem dúvida, experiências felizes e infelizes. É com relação a estas últimas que eles envolvem uma teodiceia implícita. O ritual social transforma o acontecimento individual num caso típico, da mesma forma que transforma a biografia individual num episódio da história da sociedade. Vê-se o indivíduo como alguém que nasce, vive e sofre, e finalmente morre, como seus antepassados fizeram antes dele e seus filhos farão depois dele. Aceitando e fazendo interiormente sua essa visão do assunto, ele transcende a sua própria individualidade bem como a unicidade – inclusive a dor única e os terrores únicos – de suas experiências individuais. Vê-se a si mesmo "corretamente", isto é, dentro das coordenadas da realidade tal como é definida pela sua sociedade. Fazem-no capaz de sofrer "corretamente" e, se tudo correr bem, ele poderá ter finalmente uma "morte correta" (ou uma "boa morte", como se costumava dizer). Em outras palavras, ele pode "perder-se a si mesmo" no nomo que dá o significado de sua sociedade. Em consequência, a dor se torna mais tolerável, o terror menos acabrunhador, quando o dossel protetor do nomo se estende até cobrir aquelas experiências capazes de reduzir o indivíduo a uma animalidade uivante.

    A teologia implícita de toda ordem social precede, naturalmente, quaisquer legitimações, religiosas ou não. Serve, contudo, como o indispensável substrato sobre o qual, mais tarde, poderão ser construídos os edifícios da legitimação. Exprime também uma configuração psicológica muito básica, sem a qual é difícil imaginar que as legitimações posteriores serão bem-sucedidas. A teodiceia propriamente dita, portanto, como legitimação religiosa dos fenômenos anômicos, radica em certas características cruciais da associação humana como tal.

Toda sociedade exige certa renúncia do eu individual e suas necessidades, ansiedades e problemas. Uma das funções-chave dos *nomoi* é a facilitação dessa renúncia na consciência individual. Há também uma intensificação dessa entrega autonegadora à sociedade e sua ordem, que é de particular interesse em relação à religião. É a atitude de masoquismo, isto é, a atitude em que o indivíduo se reduz a um objeto inerte e semelhante a uma simples coisa diante de seus semelhantes, tomados separadamente ou em coletividades ou nos *nomoi* por eles estabelecidos.[4] Nessa atitude, a própria dor, física ou mental, serve para ratificar a autor-renúncia até o ponto de se tornar de fato subjetivamente agradável. O masoquismo, em conjunção típica com a sua atitude complementar de sadismo, é um elemento recorrente e importante da interação humana que vai desde as relações sexuais até a doutrinação política. Sua característica fundamental é a embriaguez da entrega a um outro – completa, abnegada e até autodestruidora. Toda dor ou sofrimento infligidos pelo outro (que, naturalmente, é postulado como a contraparte sádica do eu masoquista – absolutamente dominador, autoafirmativo e autossuficiente) servem como prova de que houve de fato a capitulação e que sua embriaguez foi real. "Eu nada sou – Ele é tudo – e aí está a minha suprema ventura" – nessa fórmula está a essência da atitude masoquista. Transforma o eu em nada, o

---

[4] O conceito de masoquismo empregado aqui é tirado de Sartre, como ele o desenvolveu em seu *O Ser e o Nada*. Não deve ser entendido, de modo algum, em termos psicanalíticos, freudianos ou não. O conceito sartriano de masoquismo também pode ser entendido como uma forma particular de autorreificação (entendendo o termo "reificação" num sentido marxista). Para as implicações psiquiátricas do conceito marxista, cf. Joseph Gabel. *La fausse conscience*. Paris: Editions de Minuit, 1962.

outro em realidade absoluta. Seu êxtase consiste precisamente nessa dupla metamorfose, que é profundamente libertadora uma vez que parece romper de uma vez as ambiguidades e angústias da subjetividade individual em confronto com as subjetividades dos outros. O fato de ser a atitude masoquista inerentemente fadada ao fracasso, porque o eu não pode ser aniquilado antes da morte, e porque o outro só pode ser absolutizado na ilusão, não precisa ser tratado aqui.[5] O que interessa às nossas considerações imediatas é que o masoquismo, pela sua autorrenúncia radical, proporciona o meio pelo qual o sofrimento e a própria morte do indivíduo podem ser radicalmente transcendidos, a ponto de o indivíduo não só achar suportáveis essas experiências, mas até as acolher cordialmente. O homem não pode aceitar a solidão e não pode aceitar a ausência de sentido. A capitulação masoquista é uma tentativa de escapar à solidão pela absorção num outro, que, ao mesmo tempo, é postulado como o único e absoluto sentido, ao menos no momento em que ocorre a capitulação. O masoquismo constitui, assim, uma curiosa convulsão tanto da socialidade do homem como de sua necessidade de sentido. Incapaz de suportar a solidão, renega o homem a sua separação, e, não sendo capaz de suportar a ausência de sentido, encontra um sentido paradoxal na autoaniquilação. "Eu nada sou – e, portanto, nada me pode ferir". Ou, ainda mais contundentemente – "Eu morri – e, portanto, não morrerei". E em seguida: "Vem, doce sofrimento; vem, doce morte" – estas são as fórmulas da libertação masoquista.[6]

    A atitude masoquista se origina de relações concretas com os outros indivíduos. O amante, por exemplo, ou o patrão é postulado como o poder total, o sentido absoluto, isto é, como um *realissimum* no qual as tênues realidades da própria subjetividade podem ser absorvidas. A mesma atitude, todavia,

---

[5] Sartre desenvolveu bem detalhadamente a predestinação do masoquismo ao fracasso.
[6] A noção do significado possível de "aniquilar-se" é tirada de Nietzsche. Deixaríamos em aberto a questão da relação desse fenômeno como o "instinto de morte" de Freud.

pode ser estendida às coletividades de outros e, finalmente, aos *nomoi* representados por eles. Pode ser doce sofrer a dor nas mãos de um amante – mas também pode ser doce ser castigado pela soberana autoridade do Estado. Finalmente, a submissão abnegada ao poder do nomo coletivo pode ser libertadora de idêntica maneira. Aqui, o outro concreto da experiência social é enormemente ampliado nas personificações da ordem coletiva. Assim, pode ser não só doce morrer pela pátria como pode até ser doce ser morto pela pátria – contanto, é claro, que se tenha o ponto de vista patriótico apropriado. Escusado é acrescentar que a mesma extensão da atitude masoquista pode assumir caráter religioso. Agora o outro do confronto masoquista é projetado na imensidade do cosmos, assume dimensões cósmicas de onipotência e incondicionalidade, e pode com tanto maior plausibilidade ser postulado como realidade suprema. O "Eu nada sou – Ele é tudo" é agora realçado pela indisponibilidade empírica do outro ao qual foi feita a capitulação masoquista. No fim das contas, uma das dificuldades inerentes ao masoquismo nas relações humanas é que o outro pode não desempenhar o papel sádico a contento. O companheiro sádico pode recusar-se a ser devidamente todo-poderoso, ou esquecer-se disto, ou pode simplesmente ser incapaz de conseguir o ato. Mesmo que, por algum tempo, consiga ser algo que lembre um amo digno de crédito, permanece vulnerável, limitado, mortal – continua, na realidade, a ser humano. O deus sádico não é inferiorizado por essas imperfeições empíricas. Permanece invulnerável, infinito, imortal por definição. A capitulação a ele é *ipso facto* protegida das contingências e incertezas do masoquismo meramente social – para sempre.

De tudo o que dissemos acima deve ficar claro que o masoquismo, seja religioso ou não no seu objeto, é de caráter pré-teórico e anterior, assim, à emergência de quaisquer teodiceias específicas. A atitude masoquista continua, porém, como importante motivo em grande número de tentativas de teodiceias, e em algumas dessas está diretamente expressa nas próprias construções teóricas. Convém, pois, ter presente que a atitude masoquista é um dos fatores persistentes de irracionalidade no problema da teodiceia, seja qual for o grau de racionalidade que possa ser alcançado nos vários esforços para resolver o problema teoricamente. Graficamente, quando contemplamos o espetáculo de teólogos elaborando, às vezes com surpreendente frieza, as fórmulas destinadas a explicar o sofrimento dos homens, não devemos esquecer pelo menos a presença possível, por trás da máscara tranquila do teórico, do adorador que rasteja voluptuosamente no pó perante o deus que castiga e destrói com soberana majestade.

A teodiceia afeta diretamente o indivíduo na sua vida concreta na sociedade. Uma teodiceia plausível (que, é claro, requer uma estrutura de plausibilidade apropriada) permite ao indivíduo integrar as experiências anômicas de sua biografia no nomo socialmente estabelecido e o seu correlato subjetivo na sua própria consciência. Essas experiências, por penosas que possam ser, ao menos têm sentido agora em termos que são tanto social como subjetivamente convincentes. É importante salientar que isso de modo algum significa necessariamente que o indivíduo esteja agora feliz ou mesmo satisfeito ao passar por tais experiências. Não é a felicidade que a teodiceia proporciona antes de tudo, mas significado. E é provável (mesmo deixando de lado a repetida aparição do motivo masoquista) que, nas situações de intenso sofrimento, a necessidade de significado é tão forte quanto a necessidade de felicidade, ou talvez maior.[7] Não resta dúvida de que o indivíduo que padece, digamos, de uma moléstia que o atormenta, ou de opressão e exploração às mãos dos seus semelhantes, deseja alívio desses infortúnios. Mas deseja igualmente saber por que lhe sobrevieram esses

---

[7] Diríamos que essa perspectiva fornece um bom ponto de partida para uma crítica à teoria freudiana da libido. Pode-se encontrar uma crítica nessa linha na chamada "psicanálise fenomenológica", como nas obras de Binswanger, Minkowski, Frankl e outros.

sofrimentos em primeiro lugar. Se uma teodiceia responde, de qualquer maneira, a essa indagação de sentido, serve a um objetivo de suma importância para o indivíduo que sofre, mesmo que não envolva uma promessa de que o resultado final dos seus sofrimentos é a felicidade neste mundo ou no outro. Seria, por essa razão, um equívoco considerar as teodiceias unicamente em termos do seu potencial "redentor". Aliás, algumas teodiceias não são portadoras de nenhuma promessa de "redenção" – a não ser pela segurança redentora do próprio sentido.[8]

Os "ganhos" da teodiceia para a sociedade devem ser entendidos de um modo análogo aos que são proporcionados ao indivíduo. Coletividades inteiras adquirem a possibilidade de integrar eventos anômicos, agudos ou crônicos, no *nómos* estabelecido na sua sociedade. Esses eventos recebem agora "um lugar" no esquema das coisas, que é consequentemente protegido da ameaça da desintegração caótica sempre implícita em tais eventos. Esses eventos são, ao mesmo tempo, naturais e sociais quanto à sua origem. Não é só o desastre natural, a doença e a morte que precisam ser explicados em termos nômicos, mas também as desventuras que os homens infligem uns aos outros no decurso de sua interação social. Essas desventuras podem ser agudas e críticas, ou podem ser parte e parcela das rotinas institucionalizadas da sociedade. "Por que Deus permite que os estrangeiros nos dominem?" "Por que Deus permite que alguns homens comam e outros passem fome?" – ambas as perguntas são susceptíveis de respostas dentro de teodiceias específicas. Uma das funções sociais muito importantes das teodiceias é, com efeito, a sua explicação das desigualdades de poder e privilégio que prevalecem socialmente. Nesta função, é claro, as teodiceias legitimam diretamente a ordem institucional particular em questão. É importante frisar a esse respeito que

---

[8] É importante entender que é possível uma teodiceia sem nenhuma promessa de "redenção". Por outras palavras, a soteriologia não é coextensiva à religião, Weber enfatiza este ponto na seção de sociologia da religião de *Wirtschaft und Gesellschaft, op. cit.*

essas teodiceias podem servir de legitimações *tanto* para os poderosos *como* para os fracos, para os privilegiados *como* para os desfavorecidos. Para estes últimos elas podem, evidentemente, servir de "ópio" para tornar menos miserável a sua situação, e justamente por isso impedi-los de se revoltarem contra ela. Para os primeiros, porém, elas podem servir de justificações subjetivas muito importantes para o desfrute do poder e privilégio de sua situação social. Em termos singelos, as teodiceias fornecem aos pobres um significado para a sua pobreza, mas podem também prover os ricos de um significado para a sua riqueza.[9] Em ambos os casos, o resultado é a manutenção do mundo e, de modo muito concreto, a manutenção da ordem institucional particular. Outra questão é, naturalmente, se a *mesma* teodiceia pode servir a ambos os grupos do mesmo modo. Se pode, a teodiceia deve constituir uma fusão essencialmente sadomasoquista, no âmbito do significado, entre opressores e vítimas – fenômeno que está longe de ser raro na história. Em outros casos, pode haver duas teodiceias discretas estabelecidas na sociedade – uma teodiceia do sofrimento para um grupo e uma teodiceia da felicidade para o outro.[10] Essas duas teodiceias podem relacionar-se entre si de diversos modos, ou seja, segundo diferentes graus de "simetria". Em todo caso, a desintegração da plausibilidade das teodiceias legitimadoras das desigualdades sociais é potencialmente revolucionária nas suas consequências, um ponto que adiante estudaremos mais detidamente.

É possível analisar tipos históricos de teodiceias num *continuum* de racionalidade-irracionalidade.[11] Cada tipo representa uma postura específica, na teoria e na prática, *vis-à-vis* os

---

[9] Esse ponto também foi levantado por Weber, em sua abordagem da "dupla teodiceia". Ele incorpora aí e, ao mesmo tempo, vai além da concepção marxista da religião como um "ópio".

[10] Nossa abordagem, novamente, é tirada de Weber.

[11] A tipologia weberiana é modificada aqui ao colocarmos seus tipos num *continuum* racional-irracional.

fenômenos anômicos a serem legitimados ou nomizados. Escusado é dizer que nenhuma tentativa pode ser feita aqui para elaborar uma tipologia exaustiva. Será proveitoso, contudo, examinar mais de perto alguns dos tipos historicamente mais importantes, sobretudo os que tiveram uma relação direta com a história das sociedades ocidentais.

No polo irracional desse *continuum* tipológico está a transcendência simples – não elaborada teoricamente –, do eu, produzida pela completa identificação com a coletividade.[12] Isso pode mas também pode não ser de caráter masoquista. O que é essencial aqui é que não se concebe o indivíduo como nitidamente distinto da sua coletividade. Considera-se que o ser mais íntimo do indivíduo é o fato de pertencer à coletividade – o clã, a tribo, a nação ou o que for. Essa identificação do indivíduo com todos os outros com quem ele interage significativamente parte para uma fusão do seu ser com o deles, tanto na ventura como na desventura. É típico que essa identificação seja apreendida como sendo congênita e assim inevitável para o indivíduo. Está no seu sangue, e ele não a pode negar a não ser que negue o seu próprio ser. Segue-se daí que as desventuras biográficas do indivíduo, inclusive a desventura final de ter de morrer, são atenuadas ao menos no seu impacto anômico por serem apreendidas como meros episódios na ininterrupta história da coletividade com que o indivíduo está identificado. Quanto mais forte essa identificação, mais fraca será a ameaça de anomia, que emerge das desgraças da biografia individual.[13] É inegável que subsiste um problema de legitimar certas desgraças coletivas, como as epidemias, as fomes ou dominação estrangeira, e podem-se estabelecer teodiceias específicas para esse fim. Esta tarefa é, no entanto, facilitada pela identificação do indivíduo com sua coletividade, por uma razão muito simples: a mortalidade

---

[12] Aplica-se aqui o conceito de Lévy-Bruhl de "participacão mística".

[13] Este ponto, é claro, é enfatizado na teoria de Durkheim da *anomie*, particularmente em seu *Suicide*.

do indivíduo é empiricamente acessível, a da coletividade, caracteristicamente, não o é. O indivíduo sabe que vai morrer e, consequentemente, que alguns dos seus infortúnios nunca poderão ser aliviados durante a sua vida. Se perde um membro, por exemplo, esse membro não lhe poderá ser restituído. A coletividade, por sua vez, pode ser concebida como imortal. Pode sofrer infortúnios, mas estes podem ser interpretados como episódios transitórios no conjunto de sua história. Desse modo, o indivíduo que morre no campo de batalha às mãos do inimigo vencedor pode não esperar a sua própria ressurreição ou imortalidade, mas pode fazê-lo com relação ao seu grupo. Na medida em que ele se identifica subjetivamente com o grupo, sua morte terá sentido para ele, mesmo que lhe falte o embelezamento de quaisquer legitimações "individualizadas". Tal identificação postula, por conseguinte, uma teodiceia implícita, sem a necessidade de ulterior racionalização teórica.

O protótipo desta espécie de teodiceia implícita pode ser encontrado na religião primitiva.[14] Nesta última há, tipicamente, não só uma continuidade entre o indivíduo e a coletividade, como também entre a sociedade e a natureza. A vida do indivíduo está embutida na vida da coletividade, assim como esta se encontra, por sua vez, embutida na totalidade do ser, tanto humano como não humano. O universo inteiro está permeado das mesmas forças sagradas, desde o *mana* na sua forma pré-pessoal original até as personificações animísticas e mitológicas posteriores. Assim, a vida dos homens não é nitidamente separada da vida que se expande pelo universo. Enquanto permanecem dentro do *nómos* socialmente estabelecido, participam de um ser universal que também consigna um "lugar" aos fenômenos do sofrimento e da morte. A frequência do ritualismo da fertilidade através das culturas é uma das melhores ilustrações disto.[15] Apreende-se

---

[14] Além das *Elementary Forms of the Religions Life* de Durkheim, cf. Bronislaw Malinowski. *Magic, Science and Religion*. Garden City, N.Y.: Doubleday-Anchor, 1954.

[15] Cf. Mircea Eliade. *Das Heilige und das Profane*. Hamburgo: Rowohlt, 1957, p. 68ss.

que as forças sagradas que produzem os ritmos da natureza pulsam através dos corpos e das almas dos homens, e que se exprimem na sua sexualidade. Se os homens, portanto, estão em sintonia com os ritmos dessas forças no seu próprio ser, estão *ipso jacto* em harmonia com a ordem fundamental de todo ser – uma ordem que, por definição, inclui e assim legitima os ciclos do nascimento, decadência e regeneração. Consequentemente, a decadência e a morte do indivíduo são legitimadas mediante a sua "colocação" no âmbito da ordem mais ampla dos ciclos cósmicos. Os rituais de fertilidade (e, *mutatis mutandis*, os rituais funerários) reafirmam repetidas vezes essa legitimação, postulando cada reafirmação uma, por assim dizer, teodiceia *ad hoc*. É importante ver que essa teodiceia não precisa necessariamente incluir esperança alguma de um após-vida ou imortalidade individual. Não só o corpo do indivíduo, mas também sua alma (suposta sua existência) podem desintegrar-se e perecer – o que fica, como fato supremo significativo, é a eterna eurritmia do cosmos. Homens e animais, como indivíduos e em grupos, dela participam e, capitulando diante dela, podem transpor seus sofrimentos e suas mortes para um plano de sentido cósmico intrinsecamente reconfortante.

Mais especificamente, essas teodiceias primitivas postulam caracteristicamente uma continuidade ontológica entre as gerações.[16] O indivíduo descobre que seus antepassados continuam misteriosamente dentro dele, e do mesmo modo ele projeta seu próprio ser nos seus filhos e descendentes posteriores. Daí resulta que ele adquire uma (para ele) imortalidade bem concreta, que relativiza drasticamente a mortalidade, bem como os infortúnios menos importantes de sua biografia empírica. "Eu tenho que morrer – mas meus filhos e os filhos de meus filhos viverão para sempre" – esta é a fórmula típica dessa variedade de teodiceia. A coletividade inteira, unida pelos laços do sangue,

---

[16] Cf. Johannes Pedersen. *Israel*. Copenhague: Bramer og Korch, 1926, p. 253ss., para uma análise deste fenômeno no Oriente Próximo Antigo.

torna-se deste modo (para a sua própria autocompreensão) bem concretamente imortal, porque leva consigo através do tempo a *mesma* vida fundamental que está encarnada em cada um dos seus membros. Para destruir essa imortalidade, o inimigo precisa erradicar até o último ser vivo pertencente a essa coletividade – prática, aliás, bastante comum na história, diga-se de passagem. A mesma participação de todos na vida de todos legitima, além disso, as desigualdades sociais que possa haver no seio da coletividade. O poder e o privilégio detidos pela minoria detêm-se, por assim dizer, vicariamente em nome da maioria, que deles participa em virtude de sua identificação com a totalidade coletiva. O chefe, digamos, pode possuir uma dúzia de mulheres enquanto o homem do povo pode ter só uma, mas para este último ficar ressentido com isso seria tolice, como para um membro menos importante ter inveja da cabeça. Em todos esses casos, pode-se ter por acréscimo um elemento masoquista, uma vez que o sofrimento infligido pelas forças sagradas ou seus representantes humanos pode ser sem mais cordialmente acolhido como prova empírica de que se participa do esquema das coisas a que dá significado.

A teodiceia pela participação através da transcendência de si mesmo não se limita às religiões primitivas. Continua com as mesmas características, muito embora sob formas teoricamente mais refinadas, sempre que prevalece o esquema microcosmo/macrocosmo.[17] Por exemplo, o lavrador chinês poderia morrer serenamente na persuasão de que viveria em seus descendentes como seus antepassados viveram nele, mas o cavalheiro confuciano poderia ter a mesma persuasão legítima, além do mais por uma referência ao tao fundamental com que sua vida e sua morte estavam devidamente harmonizadas. Poder-se-ia acrescentar que, em geral, uma teodiceia semelhante *ad hoc* funciona sempre que os homens se identificam com uma coletividade

---

[17] Cf. Mircea Eliade. *Cosmos and History, op. cit.*, p. 93ss.

particular e seu nomo, seja qual for o nível de sofisticação teórica. O protótipo primitivo continua assim historicamente numa variedade de modificações mais ou menos complexas.

Um fenômeno religioso historicamente importante em que a teodiceia da participação pela transcendência de si mesmo surge reiteradas vezes é o misticismo.[18] Não podemos pretender discutir aqui as inúmeras variações com que esse fenômeno se repetiu na história religiosa. Podemos definir o misticismo, para os fins que agora temos em vista, como a atitude religiosa em que o homem visa à união com as forças ou seres sagrados. Na sua forma típica ideal, o misticismo se apresenta com a reivindicação de que tal união ocorreu, de fato, empiricamente – toda a individualidade se desvanece e é absorvida pelo oceano da divindade. Nessa forma, o misticismo oferece a já mencionada teodiceia de forma quase perfeita. Os padecimentos e a morte do indivíduo se tornam insignificantes trivialidades, fundamentalmente irreais comparados com a esmagadora realidade da experiência mística da união, como, aliás, tudo na vida terrena do indivíduo se torna fundamentalmente irreal, ilusório, verdadeira miragem que só se toma a sério enquanto a visão dele é obscurecida pelo "véu de *maya*". A mesma trivialização se estende, naturalmente, à vida terrena dos outros, individual e coletivamente considerados. O misticismo não aparece sempre nesta forma perfeita, é claro, mas mesmo nas suas formas modificadas (modificadas, isto é, se aquela união total com o divino não é atingida ou procurada, por motivos teóricos ou práticos), produz uma atitude de capitulação que traz consigo a sua própria teodiceia. Em termos diretos, na mesma medida em que tudo é ou está em Deus, tudo é bom – o problema da teodiceia é, com isso, efetivamente *aufehoben*, o que, na verdade, deve ser considerado o principal "ganho" teórico e psicológico

---

[18] Cf. Gerardus van der Leeuw. *Religion in Essence and Manifestation*. Londres: George Allen & Unwin, 1938, p. 493ss. Uma das análises mais penetrantes de similaridade do misticismo em diversas culturas encontra-se em *Mysticism East and West* de Rudolf Otto.

do misticismo. A maneira como a capitulação mística pode ser chamada de masoquista varia empiricamente, mas pode-se dizer com segurança que um forte elemento masoquista está presente em quase todas as variedades de misticismo, como o mostra a repetição através das culturas da automortificação ascética e da autotortura em conexão com os fenômenos místicos. Onde a união perfeita é consumada, a aniquilação do eu e sua absorção pelo divino *realissimum* constituem a mais excelsa bem-aventurança imaginável, a culminação da busca mística no êxtase inefável. A passagem a seguir, extraída dos escritos do místico muçulmano Jalalu'Din Rumi pode servir de ilustração (outras como esta poderiam ser tomadas, quase ao acaso, da literatura mundial do misticismo):

> Eu morri como mineral e me tornei uma planta,
> Eu morri como planta e surgi como animal,
> Eu morri como animal e tornei-me homem.
> Por que haveria de temer?
> Quando fiquei diminuído morrendo?
> Entretanto, morrerei novamente como homem, para elevar-me com os anjos abençoados; mas, mesmo na condição angélica, eu devo continuar meu caminho:
> *todos exceto Deus devem perecer.*
> Quando eu tiver sacrificado minha alma-anjo,
> tornar-me-ei o que mente alguma jamais concebeu.
> Oh, deixai-me não existir! Porque a não existência proclama em sons de órgão: para Ele retornaremos.[19]

Desnecessário é dizer que o misticismo, notadamente no contexto das grandes religiões mundiais, deu origem a complexos sistemas teóricos, alguns dos quais continuam teodiceias

---

[19] Reynold Nicholson (org.). *Rumi-Poet and Mystic*. Londres: George Allen & Unwin, p. 103. As expressões em itálico são citações do Corão, respectivamente, 28:88 e 2:151. Pode-se deixar em aberto, aqui, se Rumi está se referindo a reencarnações ou etapas de uma viagem mística.

explícitas de grande consistência racional. O que se diz aqui é simplesmente que há uma continuação em várias tradições místicas da teodiceia prototípica da transcendência de si mesmo acima discutida, às vezes racionalizada em termos de teorias de alta sofisticação, outras num ressurgir de impulsos irracionais deveras arcaicos.

No outro polo do *continuum* racional-irracional das teodiceias, o mais racional, encontramos o complexo *karma-samsara*, como é desenvolvido no pensamento religioso da Índia.[20] Na engenhosa combinação dos conceitos do *karma* (a inexorável lei de causa e efeito que governa todas as ações, humanas ou não, no universo) e *samsara* (a roda dos renascimentos), toda anomia concebível é integrada numa interpretação inteiramente racional e de ilimitada abrangência do universo. Nada fica, por assim dizer, de fora.[21] Toda ação humana tem suas consequências necessárias e toda situação humana é a consequência necessária de ações humanas passadas. Assim, a vida do indivíduo é apenas um elo efêmero numa concatenação de causas que se estende ao infinito para o passado e para o futuro. Segue-se que o indivíduo não tem a quem culpar pelos seus infortúnios senão a si próprio – e, reciprocamente, pode atribuir sua boa sorte unicamente aos seus próprios méritos. O complexo *karma-samsara* depara assim um exemplo de completa simetria entre as teodiceias do sofrimento e da felicidade. Legitima as condições de todos os estratos sociais simultaneamente e, na sua vinculação com o conceito do *dharma* (dever social, particularmente o dever de casta), constitui o mais integralmente conservador dentre os sistemas religiosos concebidos na história. Não é de surpreender

---

[20] Weber caracterizou assim a doutrina do *Karma-samsara*. Para discussões gerais, cf. S. Chatterjee. *The Fundamentais of Hinduism*. Calcutá: Das Gupta, 1950; Louis Renou. *L'hindouisme*. Paris: Albin Michel, 1951, e *Religions of Ancient India*. Nova York: Oxford University Press, 1953. A discussão sociológica clássica encontra-se no segundo volume da obra de Weber, *Gesammelte Aufsaetze zur Religionssoziologie*. Tübingen: Mohr Siebeck, 1920.

[21] "Die Welt ist ein lueckenloser Kosmos ethischer Vergeltung". M. Weber. *Wirtschaft und Gesellschaft*, op. cit., vol. I, p. 300.

que uma casa principesca após outra tenha convidado à sua adoção (praticamente, o estabelecimento do sistema de castas por imigrantes brâmanes, agindo na condição de "engenheiros sociais"), até se espalhar por todo o subcontinente indiano.[22] O código de Manu (embora não possamos saber ao certo hoje em dia até que ponto sua legislação era socialmente eficaz ou era apenas expressão do desejo dos seus autores brâmanes) dá uma boa ideia dos "ganhos" ideológicos que o sistema proporcionou às suas camadas superiores.

Há nessas concepções uma aspereza crua que foi mitigada no hinduísmo popular de diversos modos – práticas mágicas, exercícios devocionais e místicos, intercessões junto a várias divindades para intervirem nos inexoráveis processos do *karma-samsara* – e, o mais básico de tudo, a fé singela de que a obediência ao próprio *dharma* melhorará a própria sorte nas reencarnações futuras. Escusado é dizer que muitas, aliás a maior parte dessas manifestações do hinduísmo popular, estão longe da fria racionalidade com que o sistema é formulado em, digamos, as porções mais teóricas dos Upanixades. Era preciso, sem dúvida, certa fortaleza de espírito para aceitar a repentina mudança da própria identidade, como se exprimia, por exemplo, na seguinte passagem do Maitri Upanixade:

> Neste infecto e inconsistente corpo, que é um conglomerado de osso, pele, músculo, tutano, carne, sêmen, sangue, muco, lágrimas, defluxo, fezes, urina, vento, bílis e catarro, qual é a vantagem de desfrutar dos desejos?
> E vemos que todo este mundo está caindo aos pedaços, como esses mosquitos, pernilongos e seus congêneres, o capim, e as árvores que crescem e perecem.
> Mas, na verdade, que importam essas coisas?... Entre outros fatos há o secamento dos grandes oceanos, o desmoronar dos picos

---

[22] Esse ponto foi detalhadamente analisado por Weber.

das montanhas, o desvio da estrela polar fixa, o corte das cordas (das estrelas), a submersão da terra, o recuo dos corpos celestes de sua estação.

Nesta espécie de ciclo da existência (*samsara*) qual a vantagem de satisfazer os desejos, quando depois que um homem se fartou deles se vê repetidamente o seu retorno aqui para a terra?[23]

Onde o vigor dessa visão foi racionalmente levado às suas conclusões, tipicamente uma empresa à qual só os intelectuais sentiam-se inclinados, seguiu-se, o que não é de admirar, uma noção de redenção como libertação final do interminável ciclo de renascimento repleto de horrores (que melhor se diria uma roda de mortes que uma roda da vida). Houve, é claro, várias versões desta redenção.[24] No próprio Upanixade se nos depara a concepção do *atman-brahman*, a identidade suprema da alma individual com a unidade divina subjacente a todos os fenômenos do universo. No Maitri Upanixade se expressa a mesma esperança de libertação logo após a passagem citada:

> Apraza-vos libertar-me. Nesse ciclo da existência sou como um sapo num poço sem água. Senhor (Sakayanya, o que conhece a verdadeira natureza do *Atman*), sois nosso meio de escapar – sim, sois o nosso meio de escapar![25]

Na mística imersão no *atman-brahman* (para a qual há receitas bastante diferentes na soteriologia hindu), os incessantes movimentos do ser, que são a fonte em perpétuo retorno do *karma*, *param*. Tudo se tornou um – sem movimento, eterno, e sem individualidade. Aqui, pode-se dizer, a perfeita racionalidade

---

[23] Sarvepalli Radhakrishnan e Charles Moore (orgs.). *A Source Book in Indian Philosophy*. Princeton: Princeton University Press, 1957, p. 93.

[24] *Vide* a análise que Weber fez das soteriologias dos "intelectuais" indianos e sua relação com o hinduísmo das massas.

[25] Radhakrishnan e Moore, *loc. cit.*

do *karma-samsara*, tendo-se estendido até o seu limite extremo, supera-se a si mesmo e recai no protótipo irracional da participação autotranscendente, característica de todo misticismo.[26] O budismo representa, provavelmente, a mais radical racionalização dos fundamentos teóricos do complexo *karma-samsara*, ao nível da soteriologia e no da sua teodiceia concomitante.[27] Como no caso do hinduísmo, evidentemente, deve-se estabelecer uma nítida distinção entre o budismo dos intelectuais monásticos, os "portadores" das tradições autênticas, e o budismo sincretista das massas. Isso é importante em ambas as grandes ramificações históricas do budismo, as tradições Theravada e Mahayana. Um misto de inúmeros elementos irracionais, semelhantes aos já observados na análise do hinduísmo popular, se nos depara na religiosidade de massa dos países comumente chamados budistas (denominação que deveria propriamente ser posta entre aspas – do mesmo modo, presumivelmente, a de cristão aplicada à Idade Média Ocidental). No budismo original, entretanto, sobretudo como está encarnado no cânone páli, bem como na maioria das doutrinas soteriológicas das várias escolas intelectuais, a racionalização do *karma-samsara* atinge um grau raramente ou nunca atingido dentro das lindes do pensamento hindu ortodoxo. Deuses e demônios, todo o mundo da mitologia, a multidão de mundos da imaginação religiosa hindu – tudo isso desaparece, não por negação explícita, mas por se declararem irrelevantes. O que fica é o homem, o qual, na base da sua reta compreensão das leis do ser (compendiadas

---

[26] É evidente que essas observações são, em certo sentido, uma "simplificação terrível" daquilo que, historicamente, é um aglomerado, imensamente complicado e variado, de ideias soteriológicas. Justificam-se na medida em que indicam as alternativas básicas às teodiceias construídas a partir dos pressupostos do *karma-samsara*. O mesmo deve-se dizer sobre as outras caracterizações históricas deste capítulo.

[27] Weber considerava o budismo como a racionalização mais radical do complexo do *karma-samsara*. Além da discussão de Weber sobre o budismo, tanto em *Wirtschaft und Gesellschaft*, op. cit., quanto em *Gesammelte Aufsaetze zur Religionssoziologie*, cf. a discussão da concepção budista de *karma* (*kamma* nos escritos canônicos em páli) em T. W. Rhys Davids. *Buddhism*. Londres: S.P.C.K., 1912, e *A Manual of Buddhism*. Londres: Sheldon, 1932; Richard Gard. *Buddhism*. Nova York: Braziller, 1961.

nas "três verdades universais" – *anichcha* ou impermanência, *dukkha* ou tristeza, *anatta* ou negação da personalidade consciente), empreende racionalmente a tarefa de fabricar a própria salvação e por fim atingi-la no *nibbana* (ou *nirvana*). Não há lugar aqui para quaisquer atitudes religiosas, a não ser a fria indiferença da compreensão racional e da ação racional para atingir a meta dessa compreensão. Nesse quadro de referência, o problema da teodiceia é resolvido da maneira mais racional que se possa conceber, ou seja, pela eliminação de todos e quaisquer intermediários entre o homem e a ordem racional do universo. Por fim, o problema da teodiceia desaparece porque se revela que os fenômenos que lhe deram origem nada mais são do que fugazes ilusões – como, aliás, no conceito do *anatta*, é o indivíduo que levantou o problema. Podemos aqui deixar em aberto a questão de se saber se isto não poderia também incluir a espécie de "superação" da racionalidade a que nos referimos em conexão com a soteriologia hindu.

Entre os polos extremos do *continuum* racional-irracional existe uma variedade de tipos de teodiceia, capaz de diversos graus de racionalização teórica.[28] Uma teodiceia deve, em primeiro lugar, ser estabelecida projetando-se a compensação pelos fenômenos anômicos num futuro entendido em termos deste mundo. Quando chegar o momento conveniente (tipicamente, como resultado de alguma intervenção divina), os padecentes serão consolados e os injustos serão castigados. Em outras palavras, o sofrimento e a injustiça do presente são explicados com referência à sua nomização futura. Sob esta categoria, é claro, devem-se colocar as diversas manifestações do messianismo religioso, do milenarismo e da escatologia.[29] Essas manifestações,

---

[28] Novamente, estamos seguindo Weber bem de perto exceto com relação ao termo "intermediário", que não ocorre em sua análise e que introduzimos aqui para desenvolver o conceito de um *continuum* racional-irracional das teodiceias.

[29] Cf. W. E. Muehlmann (org.). *Chiliasmus und Nativismus*. Berlim: Dietrich Reimer Verlag, 1961; Sylvia Thrupp (org.). *Millenniall Dreams in Action*. Haia: Mouton, 1962.

como seria de esperar, associam-se historicamente aos tempos de crise e desastre, de causas naturais ou sociais. Por exemplo, os padecimentos da peste negra deram azo a uma porção de violentos movimentos milenaristas, mas o mesmo fizeram os desajustes sociais causados pela Revolução Industrial. "O Senhor vem aí!" – foi repetidas vezes o brado de reunião em tempos de aguda aflição. Dentro da órbita da tradição bíblica (isto é, da órbita judaico-cristã-muçulmana), como resultado da sua influência avassaladora na dimensão histórica da ação divina, esse brado de reunião foi particularmente frequente. Desde os profetas pré-exílicos do antigo Israel à fantástica figura de Shabbatai Zvi, da iminente expectativa da *parousia* nas primeiras comunidades cristãs, aos grandes movimentos milenaristas do protestantismo moderno, da rebelião abássida ao Mahdi sudanês – o brado se repete, quaisquer que sejam as modificações do seu conteúdo de ideias. A terra está seca e estorricada – mas logo sairá Iahweh da sua montanha sagrada e fará as nuvens darem água. Os mártires estão morrendo na arena – mas logo Cristo aparecerá nas nuvens, abatendo a Besta e estabelecendo o seu Reino. Os infiéis governam a terra – mas logo virá o Mahdi, assistido pelos santos ressuscitados de todas as eras e estabelecerá o domínio islâmico universal. E assim sucessivamente, com as escatologias secularizadas do Ocidente moderno enfileirando-se na mesma e contínua tradição, que, é de supor, tem suas raízes no Israel antigo e remonta ao século VIII a.C. Com grandes modificações, todavia, o complexo messiânico-milenarista se nos depara também fora da órbita da tradição bíblica – como, por exemplo, em movimentos como a rebelião de Taiping, a Dança dos Fantasmas ou os cultos de Cargo.

O complexo messiânico-milenarista postula uma teodiceia porque relativiza o sofrimento ou a injustiça do presente em termos de serem vencidos num futuro glorioso. Em outras palavras, os fenômenos anômicos são legitimados mediante referência à nomização futura, reintegrando-os, assim, numa ordem significativa de abrangência universal. Essa teodiceia será racional na medida em que envolver uma teoria coerente da história (condição, poder-se-ia dizer, geralmente satisfeita no caso dos movimentos messiânico-milenaristas dentro da órbita bíblica). Será efetivamente ou potencialmente revolucionária à medida que a ação divina, prestes a intervir no curso dos acontecimentos, exigir ou permitir a cooperação humana.

Este tipo de teodiceia enfrenta uma óbvia dificuldade prática: é sumamente vulnerável à refutação empírica. Existem, não há dúvida, diversos mecanismos cognoscitivos e psicológicos para racionalizar a contraevidência empírica.[30] Como quer que seja, subsiste o problema teórico de explicar o fato de que Iahweh não trouxe a chuva, que a *parousia* é diferida para mais e mais tarde, que o suposto Mahdi não passa, na realidade, de mais um governante de características fartamente mundanas, e assim por diante. Essa dificuldade inerente é resolvida de forma típica mediante uma transposição da teodiceia ou para outro mundo ou para outra realidade de algum modo escondida nela. Em ambos os casos, o refinamento do complexo messiânico-milenarista aponta um segundo e importante tipo de teodiceias "intermediárias", em que se promete a compensação em termos de outro mundo.

Na sua mais singela modalidade, este tipo de teodiceia mantém uma reversão dos males e sofrimentos presentes numa vida além-túmulo. Está-se provavelmente em chão firme se se especula que a necessidade de tal teodiceia era muito importante nas origens das noções concernentes à imortalidade. Não basta mais procurar uma compensação divina em vida ou na dos descendentes. Lança-se o olhar para além da sepultura. Lá, pelo menos, o padecente será reconfortado, o homem bom

---

[30] A obra de Leon Festinger sobre a psicologia da "dissonância cognitiva" é muito relevante aqui – *vide* tanto sua *Theory of Cognitive Dissonance* quanto o estudo de caso *When Prophecy Fails*. A similaridade dos fenômenos analisados no estudo de caso com o que os estudiosos do Novo Testamento chamaram de *Parousieverzoegerung* é impressionante e muito instrutiva.

recompensado e o mau punido. Em outras palavras, o após-vida torna-se o local da nomização. É provável que tal transposição se produza na medida em que a teodiceia prototípica por autotranscedência tende a enfraquecer-se em plausibilidade, processo relacionado com a individuação progressiva. É o que se pode observar em várias tradições religiosas distintas.[31] Por exemplo, o Egito antigo e a China antiga possuíam noções relativas às compensações num após-vida, embora não pressupondo necessariamente um julgamento com base em princípios éticos. Ficará patente que, à diferença da teodiceia dirigida para este mundo do complexo messiânico-milenarista, o tipo de teodiceia dirigida para o outro tende mais a ser conservador do que revolucionário no seu efeito.

O mesmo tipo de teodiceia pode, no entanto, imunizar-se contra a refutação empírica por meios mais complicados. Assim, a redenção pode ser operante neste mundo, mas de um modo oculto, não susceptível de verificação empírica. A reinterpretação das esperanças messiânicas de Israel em termos da ideia do "servo sofredor", pelo Dêutero-Isaías durante o período do exílio babilônico, é um exemplo clássico dessa teodiceia. A reinterpretação da missão messiânica de Shabbatai Zvi, depois de sua apostasia para o Islã, é um exemplo intrigante de um processo semelhante na história judaica mais chegada ao nosso tempo. Em tais casos, a esperança messiânico-milenarista concreta é mantida, mas ao mesmo tempo transposta para uma esfera misteriosa, empiricamente inacessível, onde fica a salvo das contingências da história.[32]

---

[31] Cf. Van der Leeuw, *op. cit.*, p. 275ss. Cf. também E. Rohde. *Psyche*. Londres: Routledge & Kegan Paul, 1925. William Greene. *Moira*. Cambridge, Mass.: Harvard University Press, 1944, para o problema da teodiceia no pensamento religioso grego.

[32] Sobre o desenvolvimento da teodiceia israelita, cf. Gerhard von Rad. *Theologie des alten Testaments*. München: kaiser, 1962, sobretudo o vol. II, e Edmond Jacob. *Théologie de l'Ancien Testament*. Neuchâtel: Delachaux & Niestlé, 1955, p. 240ss. Sobre o episódio altamente sugestivo de Shabbatai Zvi, cf. Gershom Scholem. *Maior Trends in Jewish Mysticism*. Nova York: Schocken, 1961, p. 287ss.

Um terceiro tipo "intermediário" de teodiceias é o dualista, característico das formações religiosas do antigo Irã.[33] Concebe o universo como a arena de um combate entre duas poderosas forças do bem e do mal. Eram personificadas no zoroastrismo, nos deuses Ahura Mazda e Arimã, embora, em desenvolvimentos posteriores do dualismo iraniano, como o mitraísmo e o maniqueísmo, emergissem concepções mais abstratas. Em todas essas formações, todos os fenômenos anômicos são, é claro, atribuídos às forças malignas ou negativas, ao passo que toda nomização é vista como a vitória progressiva do seu antagonista bom ou positivo. O homem é um participante da contenda cósmica; a redenção (seja neste ou no outro) consiste em seu engajamento na luta do lado "certo". Não é preciso dizer que esse esquema pode manifestar-se em níveis de sofisticação teórica sensivelmente diferentes.

Na história da religião ocidental, a teodiceia do dualismo teve a máxima importância na plurissecular influência do gnosticismo.[34] Aqui o dualismo era entendido como intermediário entre o espírito e a matéria. Este mundo, na sua totalidade material, era criação das forças negativas, identificadas pelos gnósticos cristãos com a divindade do Antigo Testamento. A divindade boa não criou este mundo, e, portanto, não pode ser considerada responsável pelas suas imperfeições. Os fenômenos anômicos deste mundo não são, por conseguinte, entendidos como intrusões perturbadoras da desordem num mundo ordenado. Ao contrário, este mundo é o reino da desordem, da negatividade e do caos, e é o homem (ou melhor, o espírito dentro do homem) que é o invasor, o estrangeiro procedente

---

[33] Cf. W. Hinz. *Zarathustra*. Stuttgart: W. Kohlhammer Verlag, 1961; Franz Altheim. *Zarathustra und Alexander*. Frankfurt: Fischer Verlag, 1960; Maarten Vermaseren. *Mithras*, Stuttgart: W. Kohlhammer, 1965; R. Reitzenstein. *Das iranische Erloesungsmysterium*. Bonn: A. Marcus & E. Weber's Verlag, 1921.

[34] Cf. Hans Jonas. *The Gnostic Religion*. Boston: Beacon, 1963. A obra clássica sobre Marcião é o *Das Evangelium vom fremden Gott* de Adolf von Harnack (*Idem, Ibidem*. Leipzig: Hinrichs, 1921). Sobre os albigenses, cf. S. Runciman. *The Medieval Mawichee*. Cambridge: Cambridge University Press, 1947.

de outro reino. A redenção consiste em que o espírito volte do exílio deste mundo para a sua própria pátria, um reino de luz totalmente diferente de tudo o que existe no âmbito das realidades do universo material. A esperança de redenção se associa, assim, a uma profunda nostalgia do verdadeiro lar do homem, tal como se exprime na seguinte passagem extraída de um texto gnóstico:

> Neste mundo (das trevas) vivi milhares de miríades de anos, e ninguém soube de mim que eu estava ali... Ano após ano e geração após geração, aí estava eu, e não souberam que eu vivi no seu mundo.

Ou ainda, de um texto maniqueu:

> Agora, ó Pai nosso cheio de benignidade, incontáveis miríades de anos se passaram desde que nos separamos de ti. Desejamos ardentemente contemplar teu semblante amado, resplandecente e vivo.[35]

Esquemas dualísticos deste tipo resolvem o problema da teodiceia transpondo, por assim dizer, os seus termos. O universo empírico deixa de ser um cosmos e se torna a arena na qual se processa a cosmificação (como no zoroastrismo clássico) ou se concebe de fato como o reino do caos (como nos vários sistemas gnósticos). O que parece anomia é, portanto, o que é muito apropriado a este reino inacabado ou negativo; o nomo ou ainda não foi concluído, ou deve ser buscado em reinos que ficam inteiramente para lá das realidades do universo empírico. No desenvolvimento desse tipo de dualismo, seguiu-se muito logicamente que tudo o que está associado a este mundo, nomeadamente o ser físico e histórico do homem, ficou radicalmente desvalorizado. A matéria passou a ser entendida como realidade negativa, como também o corpo humano e todas as

---
[35] Jonas, *op. cit.*, p. 54.

suas obras. A história empírica foi, além disso, excluída *a priori* de todo alcance redentor. Em outras palavras, as teodiceias dualísticas tendem a ser acósmicas, ascéticas e a-históricas. Não é difícil entender por que representavam tão poderosa ameaça à concepção de mundo das várias tradições derivadas da religião bíblica, como se pode ver nas lutas do judaísmo, do cristianismo e do islamismo oficiais com os vários movimentos gnósticos que lhes surgiam no seio.[36]

Ficará manifesto, sem grande necessidade de demonstração, que o problema da teodiceia aparece mais nitidamente no monoteísmo radical e ético, isto é, na órbita da religião bíblica. Se todas as divindades rivais ou menos importantes são radicalmente eliminadas, e se não só todo poder, mas ainda todos os valores éticos são referidos ao Deus único que criou todas as coisas deste ou qualquer outro mundo, o problema da teodiceia se torna uma questão aguda, orientada justamente para essa concepção. Com efeito, mais do que em qualquer outra constelação religiosa, pode-se dizer que esse tipo de monoteísmo fica de pé ou cai consoante a sua capacidade de resolver a questão da teodiceia: "Como pode Deus permitir...?"

Como indicamos acima, o desenvolvimento da escatologia bíblica a partir das expectativas históricas concretas até as construções soteriológicas não suscetíveis de reputação empírica é um importante aspecto do problema tal como foi enfrentado na órbita da religião bíblica. Há, contudo, outro aspecto, de particular importância para a compreensão do desenvolvimento posterior ao período do antigo Israel. Esse aspecto é a relação entre a teodiceia bíblica e a atitude masoquista.

Toda religião postula um "outro" que enfrenta o homem como uma realidade objetiva, poderosa. A atitude masoquista, como tentamos mostrar, é uma das posturas básicas que o homem pode tomar *vis-à-vis* deste outro. Na órbita da religião

---

[36] Cf. Scholem, *op. cit.*, p. 40ss.; Adolf von Harnack, *Dogmengeschichte*. Tübingen: Mohr, 1922, p. 63ss.; Reynold Nicholson. *The Mystics of Islam*. Londres: Bell, 1914.

bíblica, contudo, a atitude masoquista assume um caráter peculiar, como resultado da imensa tensão introduzida pelo problema da teodiceia sob estas circunstâncias. Uma coisa é capitular num êxtase masoquista perante, digamos, Shiva, no seu *avatar* como destruidor cósmico Shiva, quando executa a sua grande dança da criação numa montanha de crânios humanos. Afinal de contas, ele não é a única divindade do esquema hindu, nem tampouco está carregado de alguma coisa que se aproxime da qualidade ética atribuída ao Deus da Bíblia. O masoquismo religioso assume um perfil particular na órbita bíblica precisamente porque o problema da teodiceia se torna intoleravelmente agudo quando o outro é definido como um Deus totalmente poderoso e totalmente reto, criador do homem e do universo. É a voz desse Deus terrível que precisa agora ser tão acabrunhadora que afogue o grito de protesto do homem atormentado, e, mais ainda, converta esse grito numa confissão de auto-humilhação *ad maiorem Dei gloriam*. O Deus bíblico é radicalmente transcendentalizado, isto é, postulado como o totalmente outro (*totaliter aliter*) *vis-à-vis* ao homem. Nessa transcendentalização, existe implícita desde o início a solução masoquista por excelência do problema da teodiceia – submissão ao totalmente outro, que não pode ser interpelado nem desafiado, e que, pela sua própria natureza, está soberanamente acima de todos os padrões éticos humanos e geralmente nômicos.

Os exemplos clássicos para essa submissão já se encontram no livro de Jó: "Embora ele me mate, ainda assim confiarei nele", declara Jó. Depois da aterradora manifestação de Deus na tempestade, Jó confessa que não é nada diante do poder soberano que lhe foi revelado: "É por isso que me retrato e me arrependo no pó e na cinza". Neste "é por isso" repousam o *phátos* e a estranha lógica da atitude masoquista. A questão da teodiceia é colocada, passional e insistentemente, quase até o ponto em que se torna uma acusação aberta contra Deus. Sua resposta, porém, não é racional como as várias tentativas dos amigos de Jó. Ao contrário, contesta-se radicalmente o direito de questionar, em primeiro lugar. Em outras palavras, o problema da teodiceia é resolvido por um *argumentum ad hominem* no mais drástico sentido – mais exatamente, um *argumentum contra hominem*. A acusação implícita contra Deus torna-se uma acusação explícita contra o homem. Nessa curiosa inversão, o problema da teodiceia desaparece e, em seu lugar, aparece o problema da antropodiceia (ou *iustificatio*, para usar um termo cristão tardio). A questão do pecado humano substitui a questão da justiça divina. Nessa inversão, e na relação peculiar que ela estabelece entre teodiceia e masoquismo, nós vemos um dos motivos fundamentais do desenvolvimento da religião bíblica.[37]

O livro de Jó oferece-nos o que seria a forma pura do masoquismo religioso *vis-à-vis* o Deus bíblico. No desenvolvimento da religião bíblica no âmbito do Antigo Testamento, encontramos tanto continuações diretas quanto modificações importantes dessa forma. Por exemplo, a submissão total à vontade de Deus tornou-se a atitude fundamental do Islã e até deu o nome a essa grandiosa simplificação da tradição bíblica (do árabe *'aslama*, submeter-se). O desenvolvimento mais radical, e também mais consistente, dessa postura encontra-se nas várias concepções de predestinação divina dos principais ramos da tradição bíblica, particularmente agressivas no Islã e, mais tarde, no calvinismo.[38] A exaltação calvinista do desígnio inexorável de Deus, o qual desde toda a eternidade elegeu alguns homens para a salvação e relegou a maior parte a um destino no inferno, é provavelmente o ápice da atitude masoquista na história da religião. Isso fica bastante claro, se tivermos em mente que o calvinismo primitivo

---

[37] Nessa discussão do desenvolvimento da teodiceia bíblica, afastamo-nos completamente de Weber. É muito curioso, na verdade, que o interesse de Weber na teodiceia cristã fosse limitado a seu resultado "radicalizado" na doutrina calvinista da predestinação: um fato curioso, a despeito de sua óbvia relação com a preocupação de Weber com o papel histórico do calvinismo.

[38] Weber explicitamente procedeu à comparação entre o islamismo e o calvinismo em termos de predestinação.

sustentava com firmeza que ninguém poderia saber se pertencia ou não aos eleitos. Havia, pois, a possibilidade de que o Deus que se adorava com fervor e que se servia com todos os rigores da ética calvinista, muitas vezes com risco da própria vida (como no caso das perseguições movidas pelos católicos), já tivesse condenado o fiel à danação desde o princípio dos tempos e não poderia ser demovido de sua decisão por nenhum esforço do fiel. A soberania de Deus e a negação do homem chegam aqui a um clímax terrível numa visão dos próprios condenados tomando parte na glorificação daquele Deus que os sentenciou à danação.

Não é difícil de se ver que essa forma pura da atitude masoquista seria insustentável para a maior parte das pessoas; de um modo geral, ela só seria possível para alguns "virtuosi" religiosos.[39] Formas menos duras de submissão tendem a prevalecer na religião das massas. No desenvolvimento do monoteísmo bíblico, raramente se manteve por muito tempo a rigidez da solução que Jó deu ao problema da teodiceia. A piedade popular frequentemente a mitigou com a esperança de uma compensação no outro mundo. Com essa modificação, ainda podiam manter-se a submissão masoquista e até seu regozijo no sofrimento.

Mas ela é menos pura na medida em que inclui a esperança de sua própria transformação numa vida futura: o Deus punitivo um dia deixará de punir e sua celebração no sofrimento tornar-se-á uma forma mais alegre de louvor. Em círculos mais sofisticados, a rispidez foi quebrada por meio de várias interpretações teológicas do sofrimento. Já mencionamos a concepção do "servo sofredor" no Dêutero-Isaías continuada na "santificação do Nome" (*kiddush-hashem*) através do sofrimento na linha central do judaísmo e nas várias doutrinas do sofrimento redentor das tradições heterodoxas judaicas (como, por exemplo, nas teosofias cabalísticas do "exílio"). Encontram-se situações paralelas

---

[39] A expressão *"virtuosi* religioso" é tirada de Weber.

a esta no cristianismo e no islamismo. Mesmo no calvinismo, a rigidez da submissão ao decreto inexorável da predestinação foi logo modificada por meio de várias tentativas de se conseguir a certeza da eleição, seja por meio de supostas bênçãos divinas sobre as atividades externas de cada um, seja através da certeza interior da salvação.[40]

Todas essas "mitigações" da teodiceia masoquista, porém, têm menos importância histórica do que a solução cristã essencial do problema, a saber, a solução postulada pela Cristologia.[41] De fato, sustentamos que, não obstante qualquer possível variação que ele tenha sofrido na história do cristianismo, o motivo cristão fundamental é a figura de Deus encarnado como resposta para o problema da teodiceia, especificamente para a tensão insuportável desse problema ocasionada pelo desenvolvimento religioso do Antigo Testamento. E, embora a metafísica dessa encarnação e sua relação com a redenção do homem tenham sido formuladas ao longo da teologia cristã, é crucial o fato de que o Deus encarnado é o Deus que sofre. Sem esse sofrimento, sem a agonia da cruz, a encarnação não daria a solução para o problema da teodiceia ao qual, nós sustentaríamos, ela deve sua imensa força religiosa. Isso foi bem formulado por Albert Camus, cuja compreensão do cristianismo pode ser considerada representativa da de seus críticos modernos mais argutos:

> Já que Cristo sofreu, e sofreu voluntariamente, o sofrimento não era mais injusto e toda a dor era necessária. Num certo sentido, a amarga intuição do cristianismo e seu legítimo pessimismo referente ao comportamento humano são baseados na crença de

---

[40] A modificação da "rigidez" original do calvinismo é, é claro, um dos temas mais importantes da discussão de Weber. Ver: Weber. *The Protestant Ethic and the Spirit of Capitalism*. Oxford: Blackwell, 2002.

[41] Weber parece ter esquecido o lugar essencial da cristologia em qualquer teodiceia cristã, o que é uma parte do fato curioso acima mencionado. Diríamos que essa é uma das principais fraquezas de sua tipologia geral das teodiceias.

que, afinal, a injustiça é tão satisfatória para o homem quanto a justiça total. Somente o sacrifício de um deus inocente poderia justificar a tortura universal e sem fim da inocência. Somente o mais abjeto sofrimento de Deus poderia atenuar a agonia do homem. Se tudo, sem exceção, no céu e na terra, está fadado à dor e ao sofrimento, então uma estranha forma de felicidade é possível.[42]

É precisamente por causa deste "acréscimo" ao problema da teodiceia que a relação exata entre o Deus sofredor e o Deus punitivo teve de ser formulada na doutrina cristológica. Somente se *tanto* a plena divindade *quanto* a plena humanidade do Cristo encarnado pudessem ser simultaneamente mantidas, é que a teodiceia decorrente da encarnação seria completamente plausível. Foi esta, e não obscuras especulações metafísicas, a força motora das grandes controvérsias cristológicas na primitiva Igreja cristã. Seu ponto culminante foi a condenação do arianismo em Niceia.[43] As formas cristológicas ortodoxas, como foram estabelecidas em Niceia e em concílios posteriores, asseguravam que o sofrimento de Cristo podia ser identificado como sofrimento da parte do próprio Deus. Por outro lado, era simultaneamente genuíno sofrimento humano, como o que a teodiceia levanta em primeiro lugar.

Há, porém, uma condição essencial para a "estranha forma de felicidade" que não é explicada na citação acima. Trata-se precisamente da condição que liga a teodiceia cristã aos seus antecedentes masoquistas, ao menos no âmbito das tradições centrais da ortodoxia cristã (contrastada, por exemplo, com as heresias gnósticas). Essa condição é a afirmação de que, afinal, Cristo não sofreu pela inocência do homem, mas pelo seu *pecado*.

---

[42] Albert Camus. *The Rebel*. Nova York: Vintage, 1956, p. 34.
[43] "Ist das Goettliche, das auf Erden erschienen ist und die Menschen mit Gott wiedervereinigt, hat, identisch mit dem hoechsten Goettlichen, das Himmel und Erde regiert, oder ist es ein Halbgoettliches? Das war die entscheidende Frage im arianischen Streit". A. Harnack, *Dogmengeschichte, op. cit.*, p. 210.

Segue-se que o pré-requisito para o homem participar do poder redentor do sacrifício de Cristo é a *confissão dos pecados*.[44] A assim chamada solução "agostiniana" para o problema da teodiceia não é bíblico, raramente se manteve por muito tempo como apenas uma apresentação de uma divindade sofredora. Sabemos que a era greco-romana tardia conheceu abundantemente tais noções. A solução depende antes da conversão profundamente masoquista da questão da justiça de Deus na da pecaminosidade do homem, conversão essa que, como indicamos, já ocorria na teodiceia do Antigo Testamento. Novamente, traduz-se o problema da teodiceia no da antropodiceia. Mas a rispidez dessa tradução é mitigada pela interposição do Deus-homem sofredor entre os dois parceiros na dialética masoquista do Livro de Jó. Em outras palavras, a ríspida polarização de soberania e submissão é atenuada na figura do Cristo sofredor. Deus sofre em Cristo. O sofrimento de Cristo, porém, não justifica Deus, mas o homem. Por Cristo abranda-se a terrível alteridade do Iahweh dos temporais. Ao mesmo tempo, uma vez que a contemplação do sofrimento de Cristo aprofunda a convicção da indignidade do homem, repete-se a velha capitulação masoquista de uma maneira mais refinada, para não dizer sofisticada. Afirmaríamos que a estrutura religiosa fundamental do cristianismo não pode ser entendida se não se compreender isso, e mais ainda, a plausibilidade do cristianismo (pelo menos em suas formas ortodoxas mais importantes) mantém-se ou cai com a plausibilidade dessa teodiceia.

Adiante teremos ocasião de discutir o destino da plausibilidade do cristianismo. Basta dizer aqui que esse declínio foi acompanhado por uma firme desvalorização da teodiceia cristã. Em 1755, um terremoto destruiu a maior parte da cidade de

---

[44] Omitimos aqui qualquer discussão das diversas respostas teológicas à questão da relação precisa do sofrimento de Cristo com o cumprimento da redenção. Cf. Gustaf Aulén. *Christus Victor*. Londres: S.P.C.K., 1931, para uma útil tipologia. Cf. também John Hick. *Evil and the God of Leve*. Nova York: Harper & Row, 1966.

Lisboa e matou um número considerável de pessoas. Esse acontecimento, embora insignificante se comparado aos horrores de nosso tempo, foi importante para o pensamento do século XVIII. Colocou de modo violento o problema da teodiceia e da validade de sua solução cristã em algumas das melhores mentes do período, entre as quais Pope, Voltaire, Goethe e Kant. A Primeira Guerra Mundial, ao que parece, também produziu uma literatura considerável, sobretudo na Inglaterra, com preocupação análoga. É muito esclarecedor que os horrores da Segunda Guerra, imensamente superiores, não tenham produzido um resultado semelhante. As questões metafísicas, opostas às éticas ou políticas, levantadas por esses acontecimentos (particularmente aquelas concernentes às atrocidades nazistas) são tipicamente antropológicas e não teológicas: "Como foi que seres humanos puderam fazer isso?", de preferência a: "Como foi que Deus permitiu isso?" Mesmo representantes oficiais do cristianismo parecem ter hesitado em repetir as fórmulas cristãs tradicionais a propósito desses acontecimentos. Nos campos ortodoxos e neo-ortodoxos remanescentes, repetiu-se a clássica conversão da teodiceia em antropodiceia, e mesmo os pesadelos do nazismo foram tomados não como um questionamento terrível sobre a credibilidade do Deus cristão, mas como uma confirmação da visão cristã do pecado humano. A resposta geral, contudo, foi um estranho silêncio acerca das implicações desses acontecimentos para a teodiceia. Concentrou-se, pelo contrário, nas questões éticas e políticas, nas quais os interlocutores cristãos podiam esperar encontrar um sistema de referências comum a seus contemporâneos seculares.

    A consequência histórica mais importante da desintegração da teodiceia cristã na consciência do homem ocidental foi o início de uma era revolucionária. A história e as ações humanas na história tornaram-se os instrumentais dominantes pelos quais se procura a nomização do sofrimento e do mal. Nem a submissão à vontade de Deus, nem a esperança mediada pela figura de Cristo ou a expectativa de um *eschaton* divino servem mais para aliviar a angústia da maioria dos homens. A teodiceia social do cristianismo (isto é, sua legitimação das injustiças da sociedade) tem desmoronado juntamente com a plausibilidade geral da teodiceia cristã. Diga-se de passagem que os antagonistas do cristianismo têm percebido isso mais claramente que os próprios cristãos.[45] Se a explicação cristã do mundo não se sustenta mais, tampouco pode-se manter a sua legitimação da ordem social por muito mais tempo. Para citar Camus mais uma vez como um exemplo típico da percepção desse fato, o homem agora "lança-se à tarefa essencial da rebelião, que é a de substituir o reino da graça pelo reino da justiça".[46]

Obviamente, não temos o propósito de analisar aqui essa transformação revolucionária da consciência. Usamos as diferentes constelações históricas da teodiceia, discutidas acima, apenas para indicar, em linhas gerais, como o homem assume diferentes posturas existenciais e teóricas diante dos os aspectos anômicos de sua experiência, e como diferentes sistemas religiosos relacionam-se com essa tarefa da nominação. Nosso propósito terá sido realizado, se tivermos mostrado a centralidade do problema da teodiceia para qualquer tentativa religiosa de manutenção do mundo e também para qualquer tentativa semelhante baseada numa *Weltan- schauung* não religiosa. Os mundos que o homem constrói estão permanentemente ameaçados pelas forças do caos e, finalmente, pela realidade inevitável da morte. A não ser que a anomia, o caos e a morte possam ser integrados no nomo da vida humana, esse nomos será incapaz de prevalecer nas exigências da história coletiva e da biografia individual.[47] Repetindo, qualquer ordem humana

---

[45] As análises do cristianismo feitas por Marx e Nietzsche são, é claro, os casos mais importantes disso.

[46] *Camus, op. cit.*, p. 56.

[47] Um bom exemplo disso são as controvérsias recentes entre os marxistas sobre a relação entre sua *Weltanschauung* global com os problemas concretos de significado na vida individual. Cf. Erich Fromm (org.). *Socialist Humanism*. Garden City, N. Y.: Doubleday, 1965.

é uma comunidade em face da morte. A teodiceia é uma tentativa de se fazer um pacto com a morte. Qualquer que seja o destino de determinada religião histórica, ou o da religião como tal, podemos estar certos de que a necessidade dessa tentativa persistirá enquanto os homens morrerem e tiverem que compreender esse fato.

4
RELIGIÃO E ALIENAÇÃO

A esta altura será conveniente recordar a dialética fundamental que serviu de ponto de partida a estas considerações – os três movimentos da exteriorização, objetivação e interiorização, cuja soma constitui o fenômeno da sociedade. O homem, devido ao caráter peculiar de sua constituição biológica, é impelido a exteriorizar-se. Os homens, coletivamente, exteriorizam-se na atividade em comum e assim produzem um mundo humano. Esse mundo, inclusive a parte dele a que chamamos estrutura social, ganha para eles o *status* de realidade objetiva. O mesmo mundo, *como* uma realidade objetiva, é interiorizado na socialização, tornando-se parte constituinte da consciência subjetiva do indivíduo socializado.

A sociedade, em outras palavras, é um produto da atividade humana coletiva. Como tal, e somente como tal, ela confronta-se com o indivíduo como uma realidade objetiva. Esse confronto, embora possa parecer opressivo para o indivíduo, exige deste uma progressiva interiorização daquilo com que ele está confrontando-se. Dito de uma maneira mais simples, exige sua cooperação, ou seja, sua participação na atividade coletiva pela qual a realidade da sociedade é progressivamente construída.

Isso não quer dizer, é claro, que ele deva cooperar nas ações específicas que o oprimem. Mas essas ações serão reais para ele como elementos da realidade *social* desde que ele participe, embora relutantemente, dos significados objetivos que foram coletivamente assinalados para elas. É esse aspecto singular que distingue de modo decisivo a realidade social da realidade da natureza. Por exemplo, o indivíduo pode ser morto pelos seus companheiros de um modo que, em termos de acontecimentos físicos, seja praticamente igual a uma ocorrência natural em que não houvesse interferência humana, digamos, ser esmagado por uma pedra. Ainda assim, não obstante a similaridade dos acontecimentos físicos, um significado completamente diferente liga-se a cada uma dessas duas possibilidades de morrer esmagado por uma pedra. Trata-se da diferença entre uma execução e um acidente, ou seja, entre um acontecimento no âmbito do mundo social e um acontecimento no qual a natureza "bruta" interfere no mundo social. O indivíduo pode "cooperar" com a execução, de uma forma que ele nunca poderá fazer com o acidente, a saber, apreendendo-a em termos daqueles significados objetivos que ele compartilha, embora infelizmente, com seus carrascos. Assim, a vítima de uma execução pode morrer "corretamente" de um modo que seria mais difícil para a vítima de um acidente. Trata-se, é claro, de um exemplo extremo. O caso é simplesmente que a sociedade, mesmo quando se manifesta ao indivíduo como opressão extrema, tem um significado que a natureza não tem. Isso é válido *a fortiori* para os inúmeros casos em que o confronto com a realidade social se dá por meio de experiências mais agradáveis.

Como vimos mais acima, a objetividade do mundo social significa que o indivíduo o apreende como uma realidade externa que não é prontamente receptiva a seus desejos. Está lá para ser reconhecida como realidade, para se chegar a um acordo com ela como "dura realidade". O indivíduo pode sonhar viver numa deliciosa poligamia, mas será obrigado a voltar à "dura realidade" de sua prosaica monogamia. A língua e o sistema de comunicação, comuns à sua sociedade, são a "prosa", muito mais consistente que a fugitiva "poesia" de suas fantasias solitárias. Em outras palavras, as instituições são reais na medida em que tomam parte na objetividade do mundo social. O mesmo vale para os papéis e, de modo muito importante, para os papéis internalizados. Em seus sonhos, o indivíduo pode ser um paxá turco. Na realidade de sua vida cotidiana, ele tem que desempenhar o papel de um cordato marido de classe média. No entanto, não é só a sociedade, como estrutura externa, que proíbe o papel de paxá. A própria estrutura interna de consciência do indivíduo, moldada pela socialização, relega o papel de paxá ao *status* de fantasia, *ipso facto*, um *status* de realidade *menor*. O indivíduo é *real para si próprio* como um cordato marido de classe média e *não* como um paxá. Não é nosso propósito aqui verificar os limites em que o indivíduo poderia ter êxito em tornar-se *realmente* um paxá. A condição mínima para isso seria certamente encontrar quem se dispusesse a executar o papel de odalisca, o que é difícil no regime de monogamia. O que nos ocupa é o importante fato de que o mundo social mantém ao ser interiorizado seu caráter de realidade objetiva. Ele também está *lá* na consciência.

Em suma, a objetivação implica a produção de um mundo social real externo aos indivíduos que o habitam; a interiorização implica que esse mesmo mundo social terá o *status* de realidade no âmbito da consciência desses indivíduos. O último processo, todavia, apresenta um traço adicional muito importante, a saber, uma *duplicação da consciência* em termos de seus componentes socializados e não socializados.[1] A consciência precede a socialização. Mais ainda, ela nunca pode ser *totalmente* socializada. Quanto mais não seja, a progressiva consciência dos processos

---

[1] O conceito de duplicação da consciência é tirado de Mead. A noção de Durkheim do homem socializado como *homo duplex* também é relevante.

corporais de cada um assegura isso. A socialização sempre é, pois, parcial. Uma *parte* da consciência é moldada pela socialização na forma que se torna a identidade social reconhecível do indivíduo. Como em todos os produtos da interiorização, há uma tensão dialética entre a identidade socialmente (objetivamente) fixada e a identidade subjetivamente apropriada, ponto fundamental para a psicologia social, mas de pouco interesse para nós nesse momento.[2] O que é mais importante para nossos objetivos é que a duplicação da consciência realizada pela interiorização do mundo social acarreta a separação, o congelamento ou a oposição de uma parte da consciência contra o resto. Em outras palavras, a interiorização acarreta a auto-objetivação. Ou seja, uma parte do eu torna-se objetivada, não apenas para os outros, mas para si mesma, como um conjunto de representações do mundo social, um "eu social" que está e permanece num estado de acomodação precária com a consciência não social sobre a qual foi imposto.[3] Por exemplo, o papel de marido de classe média torna-se uma "presença" objetiva na consciência do indivíduo e, como tal, defronta-se com o resto da consciência. Esse papel é uma "dura realidade" que corresponde com maior ou menor simetria (dependendo, nesse caso particular, do "sucesso" da socialização) à "dura realidade" do casamento de classe média, como instituição externa.

Em outras palavras, a duplicação da consciência tem como resultado um confronto *interno* entre componentes socializados e não socializados do eu, reiterando no âmbito da consciência o confronto externo entre a sociedade e o indivíduo. Em ambos os casos, o confronto tem um caráter dialético, na medida em que os dois elementos em cada caso não mantém uma relação mecânica de causa e efeito, mas estão contínua e reciprocamente

---

[2] Essa formulação procura combinar perspectivas-chave de Marx e de Mead.

[3] A expressão "eu social" foi usada por William James. Seu desenvolvimento, através da obra de James Baldwin e de Charles Cooley até sua como que "codificação" por Mead é de importância decisiva para a psicologia social americana.

produzindo-se um ao outro. Além disso, os dois componentes do eu podem agora manter uma conversação interior um com o outro.⁴ Essa conversação, é claro, reitera, no âmbito da consciência, a conversação (mais exatamente, algumas representações dessa conversação) que o indivíduo mantém com os outros em sua vida social. Por exemplo, quem tentar desempenhar o papel de paxá na sociedade de classe média imediatamente há de se encontrar em conversação (nesse caso, desagradável) com os outros – sua mulher, familiares, funcionários da Justiça etc. Essa conversação, todavia, será reproduzida em sua própria consciência. Deixando-se de lado o fato de que a lei e sua ética tenham sido interiorizadas sob a forma de "voz da consciência", haverá pelo menos uma conversação entre a identidade de marido de classe média, que a sociedade impôs, e a identidade de paxá, a que o indivíduo subjetivamente aspira. As duas são "presenças" cristalizadas na consciência. Qual das duas será mais real para o indivíduo é um problema de "adaptação" à realidade social (ou de sua "saúde mental"), problema que deixamos aos policiais e psicoterapeutas.

    Outro modo de colocar a questão é dizer que o homem produz a "alteridade" dentro e fora de si mesmo, como resultado de sua vida em sociedade. Os trabalhos do homem, uma vez que são parte do mundo social, tornam-se parte de uma realidade alheia a ele. Eles "escapam-lhe. Mas o homem também "escapa" a si mesmo, porquanto uma parte sua é moldada pela socialização. A alteridade do mundo social e os seres humanos concretos, que são os outros da vida social, são internalizados na consciência. Em outros termos, a alteridade e os outros são introjetados na consciência. Como resultado disso, surge a possibilidade não só de que o mundo social pareça estranho ao indivíduo, mas também de que este se torne estranho a si próprio em alguns aspectos do seu eu socializado.

---

⁴ O conceito de conversação interior é tirado de Mead.

É importante enfatizar que esse estranhamento é dado na sociabilidade do homem; em outras palavras, ele é antropologicamente necessário. Pode-se lidar com ele, porém, de duas maneiras: por um lado, o estranhamento do mundo e do eu pode ser reapropriado (*zurueckgeholt*) pela "recordação" de que tanto o mundo quanto o eu são produtos da atividade do homem; por outro, semelhante reapropriação pode já não ser mais possível, e o mundo social e o eu socializado defrontam-se com o indivíduo como facticidades inexoráveis análogas às da natureza. Pode-se chamar este último processo de alienação.[5]

Em outros termos, a alienação é o processo pelo qual a relação dialética entre o indivíduo e o seu mundo é perdida para a consciência. O indivíduo "esquece" que este mundo foi e continua a ser coproduzido por ele. A consciência alienada é uma consciência que não é dialética. A diferença essencial entre o mundo sociocultural e o mundo da natureza – a saber, o fato de que aquele foi feito pelos homens, mas este não – é obscurecida.[6] Como a consciência alienada baseia-se nessa falácia, ela é uma falsa consciência.[7] Dito de outra maneira novamente, a alienação é uma superampliação do processo de objetivação, por meio do qual a objetividade humana ("viva") do mundo social transforma-se, na consciência, na objetividade ("não humana") da natureza. As representações da atividade humana significativa

---

[5] O conceito de alienação usado aqui é tirado de Marx, embora tenhamos modificado a nitidez com que Marx diferencia o seu uso do conceito do de Hegel. Particularmente, não seguimos Marx em sua noção pseudoteológica de que a alienação é o resultado de alguns "pecados" históricos da ordem social ou em suas esperanças utópicas pela abolição da alienação (isto é, sua *Aufhebung*) pela revolução socialista. Concordaríamos prontamente, portanto, que o nosso uso do conceito tem implicações mais à "direita" que à "esquerda". Para uma das mais úteis discussões do conceito de um ponto de vista não marxista, cf. o ensaio "Ueber die Geburt der Freitheit aus der Entfremdung" de Arnold Gehlen. In: Idem. *Studien zur Anthropologie und Soziologie*. Neuwied/Rhein: Luchterhand, 1963, p. 232ss. Para um estudo anterior do autor sobre esse assunto, cf. Peter Berger e Stanley Pullberg. "Reification and the Sociological Critique of Consciousness". *History and Theory*, IV: 2 (1965), 196ss.

[6] Esta formulação é uma paráfrase da clássica afirmação de Vico sobre a diferença entre história e natureza.

[7] O conceito de falsa consciência é usado aqui num sentido essencialmente marxista, embora com a mudança de sentido já indicada com relação à alienação.

que constituem a realidade do mundo social transformam-se, na consciência, em "coisas" inertes, não humanas, sem significado. Ou seja, são reificadas.[8] O mundo social, então, deixa de ser uma arena aberta, na qual o indivíduo expande o seu ser em atividade significativa, e converte-se, ao contrário, num conjunto fechado de reificações divorciadas da atividade presente ou futura. Inverte-se na consciência a verdadeira relação entre o homem e seu mundo. O agente torna-se *apenas* aquele sobre o qual se age. O produtor é apreendido *somente* como produto. Nessa perda da dialética social, a própria atividade parece ser outra coisa, a saber, um processo, destino ou sina.

É preciso ressaltar aqui três pontos importantes sobre a alienação. Em primeiro lugar, cumpre acentuar que o mundo alienado, com todos os seus aspectos, é um fenômeno de *consciência*, mais especificamente de falsa consciência.[9] Esta é falsa justamente porque o homem, mesmo vivendo num mundo alienado, continua a ser o coprodutor desse mundo através de uma atividade alienante que é e permanece a *sua* atividade. Paradoxalmente, o homem produz um mundo que o nega. Em outras palavras, o homem nunca pode *tornar-se* verdadeiramente uma facticidade como uma coisa; ele pode apenas *apreender-se* como tal, falsificando sua própria experiência. Em segundo lugar, seria um erro considerar a alienação como um desenvolvimento ulterior da consciência, uma forma de queda cognitiva da graça, posterior a um estado paradisíaco não alienado.[10] Pelo contrário, toda evidência indica que a consciência desenvolve-se tanto

---

[8] Sobre a história do conceito de reificação, cf. Berger e Pullberg, *loc. cit.*
[9] Cf. *ibid.*, p. 204, nota 13. Dizer que a alienação é um fenômeno da consciência não é negar que ela seja originalmente pré-reflexiva, nem que se baseia na práxis. É evitar a conclusão equivocada de que o homem alienado não é mais um ser que produz o mundo.
[10] Isso nos separa, mais uma vez, do que considerariamos a perspectiva utópica de Marx. Aceitamos a distinção de Marx, contra Hegel, entre objetivação (*Versachlichung*)/exteriorização (*Entaeusserung*) e reificação (*Verdinglich- ung*)/alienação (*Entfremdung*), bem como a noção de Marx de que esses dois últimos processos, ao contrário dos dois primeiros, não devam ser entendidos como necessidades antropológicas. Todavia, não podemos continuar com a noção de Marx (vulgarizada mais tarde por Engels) de que a alienação sucede historicamente a uma etapa não alienada.

filogenética quanto ontogeneticamente de um estado alienado para o que é, no máximo, uma possibilidade de desalienação.[11] A consciência primitiva e infantil apreende o mundo sociocultural em termos essencialmente alienados, como facticidade, necessidade, sina. Só muito depois, na história ou na biografia de indivíduos que vivem em circunstâncias históricas específicas, é que surge a possibilidade de compreender-se o mundo sociocultural como um empreendimento humano.[12] Em outras palavras, a apreensão do mundo sociocultural como um *opus alienum* sempre precede sua apreensão como *opus proprium* do homem. Em terceiro lugar, a alienação é um fenômeno completamente diferente da anomia.[13] Pelo contrário, a apreensão alienada do mundo sociocultural serve para manter suas estruturas nômicas particularmente eficazes, justamente porque aparentemente as imuniza contra as inumeráveis contingências da tarefa humana de construção do mundo. O mundo como *opus proprium* do homem é profundamente precário. O mundo como um *opus alienum* (dos deuses, da natureza, das forças históricas, ou seja lá do que for) é aparentemente duradouro. Esse último ponto, é claro, é particularmente importante para se entender as relações da religião tanto com a alienação quanto com a anomia. Com ele, chegamos à nossa preocupação imediata aqui.

Como já vimos, a religião tem sido um dos mais eficientes baluartes contra a anomia ao longo da história humana. É importante vermos agora que esse mesmo fato está diretamente relacionado à propensão que a religião tem de se tornar alienante. A religião tem sido uma força de nomização muito poderosa, exatamente porque também tem sido uma poderosa, talvez

---

[11] A obra de Lévy-Bruhl sobre a "mentalidade primitiva" e a de Piaget sobre o pensamento das crianças é altamente relevante aqui. Para um tratamento recente desses assuntos, cf. Claude Lévi-Strauss. *La pensée sauvage*. Paris: Plon, 1962; Jean Piaget. *Études sociologiques*. Genebra: Droz, 1965, p. 143ss.

[12] Cf. Berger e Pullberg, *loc. cit.*, p. 209s.

[13] A confusão teórica entre alienação e anomia é central em quase tudo o que se tem escrito ultimamente sobre esses conceitos por cientistas sociais americanos. A confusão ainda é agravada pela psicologização de ambos os conceitos.

a mais poderosa, força de alienação. Além disso, e no mesmo sentido acima indicado, a religião tem sido uma forma de falsa consciência muito importante.[14]

Uma das qualidades essenciais do sagrado, como é encontrado na "experiência religiosa", é a alteridade, sua manifestação como algo *totaliter aliter*, se comparado à vida humana comum, profana.[15] É precisamente essa alteridade que jaz no coração do temor religioso, do terror numinoso, da adoração do que transcende totalmente todas as dimensões do meramente humano. É essa alteridade, por exemplo, que esmaga Arjuna na clássica visão da forma divina de Krishna no *Bhagavad Gita*:

Com muitas faces e olhos, apresentando assombrosas visões, adornado com muitos ornamentos celestiais, munido de muitas armas superiores; trajando vestimentas e guirlandas celestiais, ungido de perfumes divinos, todo maravilhoso, resplandecente, ilimitado e com faces em todos os lados.

Se a radiação de mil sóis explodisse de uma vez no céu, seria como o esplendor do Poderoso.[16]

E em imagens mais sinistras:

Contemplando vossa grande forma, ó Poderoso Senhor, com miríades de bocas e olhos, com miríades de braços e coxas e pés, com miríades de ventres, com miríades de presas terríveis – os mundos estão temerosos e eu também.

Quando vejo vossa forma flamejante atingindo os céus e brilhando em muitas cores, quando vos vejo com vossas bocas bem abertas e vossos grandes olhos brilhantes, minha alma mais recôndita treme de medo e eu não encontro nem coragem nem paz, ó Vishnu![17]

---

[14] A associação básica entre religião e alienação foi feita por Feuerbach. Não apenas Marx, mas também Nietzsche e Freud foram influenciados por Feuerbach em suas concepções da religião.

[15] Cf. Rudolf Otto. *Das Heilige*. Munique: Beck, 1963, p. 28ss.

[16] Swami Nikhilananda (trad.). *The Bhagavad Gita*. Nova York: Ramakrishna-Vivekananda Center, 1944, p. 126s.

[17] *Ibid.*, p. 130.

Exemplos de outras tradições religiosas poderiam ser multiplicados a esmo. Na nossa, desde a visão aterradora do trono, em Isaías, à do tigre, em William Blake, "brilhando nas florestas da noite", apontando além de sua própria "simetria aterrorizante" ao outro divino que está atrás dos fenômenos da natureza. Certamente, nos desenvolvimentos mais "sofisticados" da religião, esse terror do mistério alheio no âmbito do sagrado modifica-se, suaviza-se, torna-se mais próximo do homem através de várias mediações. Mesmo aí, porém, não se poderá compreender o fenômeno religioso se não se estiver cônscio da alteridade que permanece como a essência oculta sob formas mais "graciosas" ou "suaves" (para usar os termos empregados por Arjuna, quando ele pede que Krishna se mostre novamente na forma, pelo menos mais simples, de Vishnu com seus quatro braços). O medo e a fascinação do totalmente outro continuam a ser, mesmo aí, um motivo condutor do encontro com o sagrado.[18]

Se se admite, e isso é um ponto fundamental da religião, que outra realidade de alguma forma invade ou confina com o mundo empírico, então esses traços do sagrado serão dignificados com o *status* de "experiência" genuína. Não é preciso dizer que não se pode admitir isso a partir de um quadro de referência da sociologia ou de qualquer outra ciência. Em outras palavras, ter-se-á de colocar entre parênteses o *status* epistemológico último desses relatos das pessoas religiosas. "Outros mundos" não são disponíveis empiricamente para o propósito da análise científica. Ou, mais exatamente, somente são disponíveis como encraves de significado *neste* mundo, o mundo da experiência humana na natureza e na história.[19] Como tal, devem ser analisados, da mesma forma que todos os outros significados humanos, como elementos do mundo socialmente construído.

---

[18] Otto insistiu fortemente na continuação do elemento da "alteridade" mesmo em formas mais sofisticadas de religião.

[19] Nos termos de Schutz, estão disponíveis apenas como "províncias finitas de significado", cercadas pela "realidade suprema" da vida cotidiana compartilhada com outros homens. *Vide* o Apêndice 2 para uma breve discussão das possíveis implicações teológicas disso.

Para dizer de outra maneira: não obstante o que as constelações do sagrado possam ser "em essência", empiricamente são produtos da atividade e da significação humanas – ou seja, são projeções humanas.[20] Os seres humanos, no curso de sua exteriorização, projetam seus significados no universo que os cerca. Essas projeções são objetivadas nos mundos comuns das sociedades humanas. A "objetividade" dos significados religiosos é uma objetividade *produzida*, ou seja, os significados religiosos são projeções objetivadas. Segue-se que, como esses significados implicam um sentido esmagador de alteridade, eles podem ser descritos como *projeções alienadas*.

Nós já vimos, quando discutimos anteriormente a legitimação religiosa, de que maneira esta proporciona uma aparência de estabilidade e continuidade às formações intrinsecamente tênues da ordem social. Podemos agora identificar mais acuradamente o que é que permite que a religião faça isso, ou seja, o seu poder de alienação. A "receita" fundamental da legitimação religiosa é a transformação de produtos humanos em facticidades supra-humanas ou não humanas. O mundo feito pelo homem é explicado em termos que negam sua produção pelo homem. O nomo humano torna-se um cosmos divino, ou, pelo menos, uma realidade cujos significados são derivados de fora da esfera humana. Sem chegarmos ao extremo de simplesmente *igualar* religião e alienação (o que acarretaria uma tomada de posição epistemológica inadmissível no âmbito de um quadro de referência científico), afirmaríamos que o papel histórico da religião nas tarefas humanas de construção e manutenção do mundo é, em

---

[20] O termo "projeção" foi usado nesse sentido pela primeira vez por Feuerbach. Cf. a seguinte formulação precoce no ensaio de Feuerbach "Zur Kritik der positiven Philosophie". *Hallische Jahrbücher*, 1838: "Die absolute Persoenlichkeit – das ist Gott als die Projektion des eigenen Wesens: eine Illusion, dass das Objekt seiner Spekulation nicht sein eigenes Selbst, sondern ein anderes, das goettliche ist!". O conceito de projeção expressa a perspectiva central do interesse de Feuerbach pela religião, que acompanhou toda a sua vida e cuja expressão mais clara está em *Das Wesen des Christentums*. Leipzig: s.ed., 1841. A principal modificação que Marx introduziu nessa perspectiva foi a insistência no caráter *coletivo* da projeção religiosa. Deve-se notar, porém, que Marx não usa o termo "projeção", a despeito da pronta aplicabilidade deste a seu próprio pensamento.

grande parte, devido ao poder de alienação inerente à religião.[21] A religião postula a presença na realidade de seres e forças que são alheios ao mundo humano. Mesmo que isso seja verdade, esse postulado não é passível de uma investigação empírica. O que pode ser investigado, todavia, é a tendência fortíssima da religião em alienar o mundo humano em processo. Por outras palavras, ao postular o estranho em oposição ao humano, a religião tende a alienar o humano de si mesmo.

É *nesse* sentido (e *não* no de encarar o postulado religioso epistemologicamente inválido em si) que nos sentimos autorizados a associar a religião com a falsa consciência, pelo menos em termos de uma alta frequência estatística em suas manifestações históricas. Quaisquer que sejam os méritos "últimos" das explicações religiosas sobre o universo em geral, sua tendência empírica tem sido a de falsificar a consciência do homem acerca da parte do universo modelada por sua própria atividade, a saber, o mundo sociocultural. Essa falsificação também pode ser descrita como mistificação.[22] O mundo sociocultural, que é um edifício de significados humanos, é coberto por mistérios tidos por não humanos em suas origens. Tudo o que o homem produz pode ser compreendido, pelo menos potencialmente, em termos humanos. O véu da mistificação colocado pela religião impede essa compreensão. As expressões objetivadas do humano tornam-se símbolos obscuros do divino. E essa alienação tem poder sobre os homens precisamente porque ela os protege dos terrores da anomia.

A religião mistifica as instituições, explicando-as como *dados* acima e além de sua existência empírica na história de uma sociedade. Por exemplo, o casamento (ou melhor, o parentesco) é uma instituição fundamental por causa de certas precondições biológicas da vida social. Todas as sociedades defrontam-se com

---

[21] Deve-se enfatizar que, ao recusarmo-nos a igualar religião e alienação, estamos desviando-nos novamente da concepção de Marx, bem como da de Feuerbach.

[22] O termo "mistificação" é tirado de Marx.

o problema de sua procriação física. Isso significa, empiricamente, que cada sociedade estabelece "programas" mais ou menos restritos para a atividade sexual de seus membros. A variabilidade histórica desses "programas" é imensa – é claro – como até mesmo uma vista de olhos descuidada nos testemunhos etnológicos mostrará. O problema da legitimação é explicar por que determinado arranjo que se desenvolveu em dada sociedade, como resultado de acidentes históricos, deve ser tido como verdade de fé, mesmo quando se trata ocasionalmente de algo importuno ou muito penoso. Uma forma eficiente de resolver o problema é mistificar a instituição em termos religiosos. A instituição da metade exogâmica em algumas tribos brasileiras, por exemplo, ou a da monogamia na sociedade americana podem ser, então, legitimadas em termos que, na verdade, ocultam a contingência empírica desses arranjos. Relações sexuais com um membro da própria metade exogâmica no Brasil ou com a mulher de outro homem nos EUA podem ser punidas não apenas como contravenção aos costumes estabelecidos, mas como uma ofensa aos seres divinos tidos por guardiães supremos das instituições em questão. Já não é somente a condenação e a violência dos homens que se interpõem entre o desejo e seu objeto, mas o poder de vingança de uma divindade irada. Poucas dúvidas pode haver de que esses controles bastante eficientes, dada uma estrutura de plausibilidade apropriada, são proporcionados por essa escamoteação metafísica. Poucas dúvidas pode haver também de que isso seja feito alienando-se o homem de seu próprio mundo. Num caso extremo, como vimos antes, o casamento deixa completamente de ser apreendido como uma atividade humana e torna-se uma reiteração mimética do *hieros gamos* dos deuses. A diferença entre isso e a concepção do casamento como um sacramento da Igreja é mais de grau que de qualidade.

Para tomarmos outro exemplo, todas as sociedades defrontam-se com o problema da distribuição de poder entre seus membros e, em consequência, desenvolvem instituições políticas. A legitimação dessas instituições exige que se explique e justifique o emprego indispensável da violência física, emprego este que, na verdade, dá a "majestade" peculiar às instituições da vida política. Novamente, a mistificação do caráter empírico da organização política em questão transforma essa "majestade", que é uma propriedade humana, em algo mais que humano. Uma apreensão realística, de base empírica, concernente às pessoas que têm o poder de cortar cabeças é transformada numa reverência numinosa ante a "terrível soberania" daqueles que representam a vontade divina na terra. Caso haja circunstâncias em que cortar cabeças torne-se politicamente conveniente, isso será visto como o resultado empírico de necessidades supraempíricas. *Le Roi le veut* torna-se, por assim dizer, um eco de "Assim fala o Senhor". Novamente, é fácil de se ver como os "programas" de institucionalização política são fortalecidos desta maneira: uma vez mais, alienam-se de suas raízes na atividade humana. Tanto nesse exemplo quanto no anterior, deve-se enfatizar que, quando falamos de "transformação", *não* estamos pressupondo uma progressão cronológica de apreensão não alienada dessas instituições para uma alienada. Pelo contrário, se há alguma progressão, é na direção oposta que ela se move. As instituições da sexualidade e do poder aparecem *primeiro* como entidades completamente alienadas, que pairam acima da vida social cotidiana, como manifestações de "outra" realidade. Só muito depois é que aparece a possibilidade de desalienação. Muito frequentemente, isso se dá juntamente com a desintegração das estruturas de plausibilidade que previamente mantinham essas instituições.

Mutatis mutandis, o processo de mistificação alastra-se pelos papéis agrupados nas instituições em questão. Em outras palavras, a representação implícita em cada papel é misteriosamente dotada do poder de representar realidades supra-humanas. Assim, o marido que fielmente canaliza seu desejo na direção da esposa legal não só representa, nessa ação reiterada, todos os outros maridos fiéis, todos os outros papéis complementares (inclusive o das viúvas fiéis) e a instituição do casamento como um todo, mas também a ação prototípica da sexualidade conjugal como os deuses a quiseram e, finalmente, os próprios deuses. Da mesma maneira, o carrasco do rei, que fielmente executar o malfeitor legalmente condenado, não só representa as instituições da realeza, lei e moralidade, tal qual estabelecidas em sua sociedade, mas também a justiça divina que, conforme é postulado, as sustenta. Mais uma vez, o terror de mistérios supra-humanos obscurece o terror concreto, empírico, desses procedimentos.

A propósito, é muito importante recordarmos que os papéis não são apenas padrões externos de conduta, mas são interiorizados na consciência daqueles que os desempenham, constituindo um elemento essencial da identidade subjetiva desses indivíduos. A mistificação religiosa dos papéis interiorizados, além de aliená-los, em termos de duplicação da consciência discutida acima, também facilita um processo adicional de falsificação que pode ser descrito como má-fé.[23]

Uma forma de se definir má-fé é dizer que ela troca a escolha por uma necessidade fictícia. Em outras palavras, o indivíduo, que na verdade pode escolher entre diferentes formas de agir, pressupõe que uma delas seja necessária. O caso particular de má-fé que nos interessa aqui é aquele em que o indivíduo, defrontando-se com a escolha entre agir ou não agir segundo o "programa" de certo papel, nega-se a escolher, baseado em sua identificação com o papel em questão. Por exemplo, o marido fiel que acha que "não tem escolha" a não ser "programar" sua atividade sexual de acordo com seu papel conjugal, suprimindo quaisquer alternativas como "impossibilidades". No caso de uma socialização bem-sucedida, elas podem se tornar "impossíveis"

---

[23] A expressão "má-fé" (*mauvaise foi*) é tirada de Sartre.

de fato: pode sobrevir uma impotência, se houver uma tentativa. Ou ainda, o carrasco fiel pode achar que "não tem escolha" a não ser seguir o "programa" de cortar cabeças, suprimindo as inibições emocionais e morais (compaixão e escrúpulos, por exemplo) a esse tipo de ação, que ele considera uma necessidade inexorável para si mesmo enquanto carrasco.

Dito de outra maneira, a má-fé é a forma de falsa consciência na qual a dialética entre o eu socializado e o eu em sua totalidade é perdida para a consciência.[24] Como vimos antes, a alienação e a falsa consciência acarretam, na consciência, uma ruptura, da relação dialética entre o homem e o que ele produz, isto é, uma negação da dialética sociocultural fundamental. Essa dialética, porém, é interiorizada na socialização. Da mesma maneira que o homem se defronta com seu mundo exteriormente, também se defronta com a presença interiorizada desse mundo em sua própria consciência. As duas defrontações têm caráter dialético. A falsa consciência, consequentemente, pode referir-se à relação exterior do homem com seu mundo, ou à mesma relação interiorizada. Na medida em que a identidade social é parte desse mundo, o homem pode apreendê-la alienadamente, isto é, em falsa consciência. Apesar de haver de fato uma dialética entre a identidade social e o eu total, a falsa consciência identifica inteiramente este com aquela. Nega-se, assim, a duplicação da consciência desenvolvida pela socialização e a concomitante interiorização da dialética sociocultural. Postula-se, em vez disso, uma falsa unidade da consciência, com o indivíduo identificando-se totalmente com os papéis interiorizados e com a identidade socialmente indicada que eles constituem. Por exemplo, negam-se quaisquer expressões relevantes do eu não canalizadas no papel de marido fiel. Em outras palavras, interrompe-se a conversação interna entre o marido e o adúltero (potencial). O indivíduo vê a si mesmo como *nada mais* que um

---

[24] Uma formulação em termos de realce poderia ser: o "mim" é apreendido como totalmente incorporando o "eu".

marido, naqueles setores de sua vida aos quais esse papel diz respeito. Ele torna-se um marido *tout court*, o marido da *dramatis personae* institucional. Tipo social e identidade subjetiva fundiram-se em sua consciência. Uma vez que essa tipificação é alienante, a própria identidade tornou-se alienada. E, desde que essa fusão é, de fato, impossível antropologicamente, trata-se de uma mentira da falsa consciência. O indivíduo que age a partir desse pressuposto está agindo de má-fé.

Mais uma vez, é importante não confundir esse fenômeno da alienação subjetiva com a anomia. Pelo contrário, tal alienação pode ser um obstáculo dos mais eficientes contra a anomia. Uma vez estabelecida a falsa unidade do eu, e enquanto ela permanecer plausível, é provável que ela seja uma fonte de força interior. Removem-se as ambivalências. Contingências tornam-se fatos indiscutíveis. Não há mais hesitação entre possibilidades alternativas de conduta. O indivíduo "sabe quem ele é" – uma situação bastante satisfatória psicologicamente. A má-fé não pressupõe de modo algum qualquer forma de alvoroço interior ou "má consciência". Pelo contrário, é provável que o indivíduo que procura despir-se da má-fé institucionalizada em sua situação na sociedade venha a sofrer psicologicamente e em sua "consciência", independentemente das dificuldades externas com as quais ele se defrontará como resultado de suas aventuras "não programadas".

A partir do que foi dito acima, fica claro que a má-fé, da mesma forma que a falsa consciência em geral, pode ocorrer sem ser legitimada religiosamente. Também enfatizaríamos com bastante força que a religião não precisa necessariamente acarretar a má-fé. Mas ver-se-á sem dificuldade, concordando-se com a argumentação anterior, que a religião pode ser um instrumento poderoso para a sustentação efetiva da má-fé. Da mesma maneira que a religião mistifica e, portanto, fortifica a autonomia ilusória do mundo que o homem produz, ela mistifica e fortifica sua introjeção na consciência individual. Os papéis internalizados levam consigo o poder misterioso que lhes é assinalado por suas legitimações religiosas. A identidade social como um todo pode então ser apreendida pelo indivíduo como algo sagrado, assentado na "natureza das coisas", criado ou querido pelos deuses. Como tal, perde seu caráter de produto da atividade humana. Torna-se um *datum* inevitável. Sua realidade é assentada diretamente no *realissimum* supra-humano postulado pela religião. O indivíduo agora não é apenas nada mais que um marido, mas nesse "nada mais" jaz sua relação direta com a ordem divina. De fato, sua identidade social pode tornar-se o "palco" subjetivo do sagrado ou, pelo menos, um desses "palcos". O terror do sagrado, postulado como uma realidade que está "atrás" dos fenômenos do mundo exterior, é introjetada na consciência, mistificando as formações da socialização que se sedimentaram aí. Em termos diretos, o indivíduo está agora em posição de assombrar-se consigo mesmo.

A essência de qualquer alienação é a imposição de uma inexorabilidade fictícia ao mundo construído pelo homem. A consequência prática mais importante disso é que a história e a biografia empíricas são apreendidas falsamente como se estivessem assentadas em necessidades supraempíricas. As inumeráveis contingências da existência humana transformam-se em manifestações inevitáveis da lei universal. A atividade torna-se processo. Escolhas tornam-se destino. Os homens, então, vivem no mundo que eles próprios fizeram, como se estivessem fadados a fazê-lo por poderes completamente independentes de seus próprios empreendimentos na construção do mundo. Quando a alienação é legitimada religiosamente, aumenta-se muito a independência desses poderes, tanto no nomo coletivo quanto na consciência individual. Os significados projetados da atividade humana cristalizam-se num gigantesco e misterioso "outro mundo", que paira sobre o mundo dos homens como uma realidade alheia. Por meio da "alteridade" do sagrado, ratifica-se definitivamente a alienação do mundo construído pelo homem. Na medida em que essa inversão da relação entre os homens e seu mundo acarreta a negação da escolha humana, o encontro com o sagrado é apreendido em termos de "dependência total".[25] Isso pode ou não envolver uma atitude masoquista, embora, como vimos, esta última seja um traço importante da consciência religiosa.

É importante recordar aqui que a relação entre a atividade humana e o mundo que ela produz é e permanece dialética, *mesmo quando se nega esse fato* (isto é, quando ele não está presente à consciência). Assim, os homens produzem seus deuses mesmo quando se apreendem como "totalmente dependentes" desses produtos. Mas, além disso, o "outro mundo" dos deuses adquire certa autonomia diante da atividade humana que continuamente o produz. A realidade supraempírica que a projeção religiosa postula é capaz de retroagir sobre a existência empírica dos homens em sociedade. Seria, pois, grave engano encarar as formações religiosas como sendo simplesmente resultados mecânicos da atividade que as produziu, ou seja, como "reflexos" inertes de sua base social.[26] Pelo contrário, a formação religiosa é capaz de agir sobre a base e modificá-la. Esse fato, todavia, tem uma consequência curiosa, a saber, a possibilidade de uma *desalienação religiosamente legitimada*. Uma visão unilateral da relação entre religião e sociedade é inevitável, caso não se considere essa possibilidade.[27] Em outras palavras, embora a religião tenha uma tendência intrínseca (e facilmente compreensível em termos teóricos) para legitimar a alienação, há também a possibilidade de que a desalienação possa ser legitimada pela religião em casos históricos específicos. O fato de que, com

---

[25] A expressão "dependência total" foi usada por Schleiermacher em sua análise da "experiência" religiosa.

[26] O termo "reflexo", nesse sentido, foi usado por Lênin e é típico do assim chamado "marxismo vulgar". Nossa proposta, porém, aplica novamente à religião o que consideraríamos a compreensão marxista original da relação *dialética* entre infra e superestrutura.

[27] Essa unilateralidade, é claro, é a principal fraqueza da abordagem da religião do próprio Marx e dos marxistas posteriores.

relação à tendência majoritária, esses últimos casos sejam um tanto raros não lhes tira o interesse teórico.

A religião encara as instituições *sub specie aeternitatis*. Vemos como isso tende a conceder a qualidade da imortalidade a essas formações precárias da história humana. Todavia, também pode acontecer que essas mesmas formações sejam radicalmente relativizadas, precisamente porque são encaradas *sub specie aeternitatis*. Isso pode tomar formas completamente diferentes em várias tradições religiosas. Por exemplo, em algumas das soteriologias mais sofisticadas da Índia, o mundo empírico, inclusive a ordem: social e todas as suas normas, aparece como sendo essencialmente uma ilusão, o reino de *maya*, nada mais que um epifenômeno perante a realidade última do *brahman-atman*. Inevitavelmente, tal perspectiva relativiza os "programas" institucionais tidos por verdadeiros e, de fato, invalida suas legitimações religiosas tradicionais. A seguinte passagem do *Shvetashvatara Upanishad* pode servir como ilustração:

> A poesia sagrada (*chandas*) – os sacrifícios, cerimônias, os rituais,
> O passado, o futuro e o que os Vedas declaram –
> Esse mundo todo o criador de ilusão (*mayin*) projeta fora disso (*Brahman*).
> E nele pela ilusão (*maya*) o outro é confinado.
> Agora, deve-se saber que a Natureza (*Prakriti*) é ilusão (*maya*),
> E que o Senhor Poderoso (*mahesvara*) é o criador de ilusão (*mayin*).[28]

Na verdade, diversas implicações práticas podem ser tiradas desse ceticismo religioso acerca das verdades do senso comum. Nas soteriologias hindus, apresentam-se duas opções típicas: retirar-se desse mundo ilusório buscando a libertação (*moksha*) na ascese ou continuar a agir nele *como se* as "cerimônias e rituais" tradicionais ainda tivessem validade, fazendo-o, porém, com uma atitude de indiferença interior pela atividade mundana.

---

[28] Sarvepalli Radhakrishnan e Charles Moore (org.). *A Source Book in Indian Philosophy*. Princeton: Princeton University Press, 1957, p. 91.

Trata-se da distinção clássica entre o assim chamado "caminho da sabedoria" *jnanamarga* e o "caminho da ação" *karma-marga*, a mais famosa expressão deste último sendo o *Bhagavad Gita*.[29] Quaisquer que sejam as implicações práticas, a relativização inerente à categoria de *maya* faz com que o mundo sociocultural mostre-se de novo como uma construção dos homens, histórica e contingente, efeito esse humanizador e, assim, pelo menos potencialmente, desalienante.[30]

Uma religião mística, com sua depreciação radical não só do valor, mas do próprio *status* de realidade do mundo empírico, tem um potencial de desalienação semelhante. O místico relativiza este mundo e todas as suas obras, inclusive as da prática religiosa "ordinária". Em casos extremos, essa relativização pode conduzir a um anarquismo legitimado pela religião, como nos movimentos antinomistas judeus e cristãos. Mais comumente, conduz a uma tolerância para com as "cerimônias e rituais" estabelecidos na sociedade, seja por conveniência, seja em consideração ao espírito mais fraco das massas, que precisam dessas coisas. A seguinte passagem da *Theologia germanica* ilustra esta última atitude:

> Assim, ordem, leis, preceitos e coisas semelhantes são apenas uma admoestação aos homens que nada entendem de melhor e que nada sabem ou percebem além disso; é por isso que se estabelecem todas as leis e ordens. E os homens perfeitos aceitam a lei juntamente com os ignorantes, como se não compreendessem ou não soubessem coisa alguma diferente ou melhor que isso; e

---

[29] Em sua análise das soteriologias hindus, Weber deu atenção, primordialmente, às diversas implicações que elas têm para a vida social e econômica cotidiana. Para um levantamento cuidadoso dos sistemas éticos hindus, cf. P. V. Kane, *History of Dharmasastra*. Poona: Bhandarkar Oriental Research Institute, 1930-1962. Sobre o desenvolvimento teórico do conceito de *maya* no pensamento vedanta, cf. Paul Deussen. *Das System der Vedanta*. Leipzig: Brockhaus, 1921; também, A. K. R. Chandhuri. *The Doctrine of Maya*. Calcutá: Das Gupta, 1950.

[30] Isso não acarreta, de modo algum, uma preocupação ética com o aperfeiçoamento da vida humana em sociedade, como testemunham de forma chocante os assim chamados *Arthashastras* (tratados sobre a condução dos problemas sociais, escritos primordialmente para o uso de príncipes).

praticam-nas com eles para que, assim, eles sejam protegidos dos maus caminhos ou, se possível, trazidos a algo de mais elevado.[31]

Novamente, diferentes mandatos práticos podem ser tirados dessa perspectiva. Não é difícil de ver que é bastante provável que um mandato antinomista tenha consequências potencialmente revolucionárias, enquanto a visão expressa na passagem acima terá, provavelmente, um efeito conservador. Embora essas diferentes possibilidades sejam de grande interesse para uma sociologia geral da religião, não podemos continuar a examiná-las aqui. O objetivo é, mais uma vez, vermos que as perspectivas religiosas podem *tirar* o *status* sacral de instituições às quais esse *status* foi dado pela legitimação religiosa.

Na tradição bíblica, o confronto da ordem social com a majestade do Deus transcendente também pode relativizar essa ordem, a tal ponto que se pode falar, a rigor, de desalienação – nesse sentido, diante da face de Deus, as instituições revelam-se como nada mais que obras *humanas*, despidas de santidade ou imortalidade inerentes a elas. Foi exatamente essa relativização da ordem social e a concomitante ruptura do *continuum* divino-humano que drasticamente separou Israel das culturas vizinhas do Oriente Próximo antigo.[32] Um excelente exemplo é a instituição israelita da realeza que, comparada às instituições da realeza sagrada nas culturas vizinhas, constitui uma espécie de profanação.[33] O episódio da condenação de Davi por Natã (2Sm 12,1-7) mostra bem o efeito humanizante (e, *ipso facto*, desalienante) dessa profanação – nega-se a Davi sua prerrogativa real de má-fé e ele é tratado como um homem qualquer, responsável *como homem* por seus atos.[34] Pode-se rastrear esse motivo do "desmascaramento" em toda a tradição bíblica. Ele

---

[31] J. Bernhart (org.). *Theologia germanica*. Nova York: Pantheon, 1949, p. 159.
[32] Cf. Eric Voegelin. *Israel and Revelation*. Baton Rouge: Louisiana State University Press, 1956.
[33] Cf. R. de Vaux. Les *instituitions de l'Ancien Testament*. Paris: Editions du Cerf, 1961, vol. I, p. 141ss.
[34] Tentei estabelecer este ponto em meu *The Precarious Vision*. Garden City, N. Y.: Doubleday, 1961, p. 219ss.

relaciona-se diretamente à transcendentalização radical de Deus, e sua expressão clássica está no profetismo israelita. Continua, porém, de várias formas, na história das três grandes religiões da órbita bíblica. Esse mesmo motivo responde pelo reiterado uso revolucionário da tradição bíblica contra o seu (também reiterado) emprego na legitimação conservadora. Da mesma maneira que houve uma série de reis tentando mistificar suas ações com o uso de símbolos bíblicos, houve também Natãs que os desmascaravam como mistificadores humanos em nome da mesma tradição da qual derivaram os símbolos mistificadores.[35]

Assim como as instituições podem ser relativizadas e, portanto, humanizadas, quando encaradas *sub specie aeternitatis*, o mesmo ocorre aos papéis que representam essas instituições. A falsa consciência e a má-fé, largamente legitimadas por meio da religião, também podem revelar-se como tal por meio da religião. Por fim, e paradoxalmente, toda a teia de mistificações religiosas jogada sobre a ordem social pode, em alguns casos, ser drasticamente removida – *por meios religiosos* –, deixando que aquela ordem seja novamente apreendida como apenas um artifício humano. Tanto a depreciação radical do mundo empírico em várias tradições místicas quanto a transcendentalização radical de Deus na religião bíblica têm sido capazes de conduzir a esse resultado. Como tentaremos mostrar, esta última vertente foi, de fato, historicamente o instrumental de desenvolvimento da secularização global da consciência na qual estão enraizadas todas as perspectivas de desalienação do pensamento ocidental moderno (inclusive, incidentalmente, a perspectiva sociológica).

Pode-se se dizer, portanto, que a religião aparece na história quer como força que sustenta, quer como força que abala o mundo. Nessas duas manifestações, ela tem sido tanto alienante quanto desalienante. É mais comum verificar-se o primeiro caso,

---

[35] "Dans son ensemble la perspective biblique n'est pas dirigée vers la conservation du monde, mais vers sa transformation". Edmond Jacob. *Théologie de l'Ancien Testament*. Neuchâtel: Delachaux & Niestlé, 1955, p. 184.

devido a características intrínsecas da religião como tal, mas há exemplos importantes do segundo. Em todas as suas manifestações, a religião constitui uma projeção imensa de significados humanos na amplidão vazia do universo, projeção essa que, na verdade, volta como outra realidade para assombrar os que a produziram. Não é preciso dizer que, no âmbito do quadro de referência de uma teoria científica, é impossível fazer qualquer declaração, positiva ou negativa, acerca do status ontológico último de tal realidade. No âmbito desse quadro de referência, só se pode lidar com as projeções religiosas enquanto projeções, como produtos da atividade e da consciência humanas; e tem-se de colocar rigorosamente entre parênteses a questão de se saber se essas projeções podem ser também algo mais que projeções (ou, mais exatamente, se elas podem referir-se a algo além do mundo humano no qual elas empiricamente se originaram). Em outras palavras, qualquer pesquisa sobre assuntos religiosos que se limitar ao que está disponível empiricamente tem necessariamente que estar baseada num "ateísmo metodológico".[36] Mas, mesmo com essa restrição metodológica inevitável, outra observação deve ser feita mais uma vez: a religião mostra em profundidade, na história humana, a urgência e a intensidade da busca do homem por um significado. As gigantescas projeções da consciência religiosa, independente do que sejam além disso, constituem o esforço mais importante, em termos históricos, para tornar a realidade significativa para o homem, a qualquer preço. Nossa discussão do masoquismo religioso mostrou um dos preços que tem sido pago. O grande paradoxo da alienação religiosa é que o próprio processo de desumanização do mundo sociocultural tem suas raízes no desejo fundamental de que a realidade como um todo possa ter um lugar significativo para o homem. Pode-se dizer, pois, que também a alienação tem sido um preço pago pela consciência religiosa em sua busca de um universo humanamente significativo.

---

[36] Devo a Anton Zijderveld esse termo bastante sugestivo. Vide o Apêndice II para uma discussão mais extensa sobre isso.

II
ELEMENTOS HISTÓRICOS

5
O PROCESSO DE SECULARIZAÇÃO

Até aqui, essas considerações têm sido um exercício de teorização bastante ampla. Introduziu-se material histórico para ilustrar pontos teóricos gerais, e não especificamente para "aplicá-los" ou, muito menos, "comprová-los". Trata-se de uma questão discutível, nas ciências sociais, saber até que ponto teorias desse grau de generalidade podem ser "comprovadas" e, portanto, se têm um lugar no universo de discurso das disciplinas empíricas. Essa não é a ocasião adequada para se entrar nessa discussão metodológica, e pouco importa para os nossos objetivos se o que expusemos acima for considerado como um preâmbulo ao *opus proprium* do sociólogo ou for dignificado com o título de teoria sociológica. Está claro que preferimos a visão mais ampla, que considera nossas observações como teoria sociológica e não como prolegômenos a ela. Em todo caso, qualquer que seja a concepção que se tenha do que seja fazer sociologia propriamente dita, será útil verificar se essas perspectivas teóricas podem ajudar na compreensão de uma dada situação histórica empírica, em outras palavras, verificar se elas podem ser "aplicadas". Neste capítulo e nos seguintes, tentaremos ver a situação religiosa contemporânea a partir da posição favorável propiciada por nossa perspectiva teórica. Isso não significa, é claro, que tudo o que dissermos derive de nosso ponto de vista teórico. Uma variedade de fontes teóricas e empíricas subjazem à nossa exposição. Afirmaríamos, contudo, que a perspectiva teórica acima apresentada mostra-se útil ao colocar sob nova luz diferentes aspectos da situação e ao revelar à análise sociológica alguns aspectos anteriormente negligenciados.

O termo "secularização" tem tido uma história um tanto aventurosa.[1] Foi usado originalmente, na esteira das Guerras de Religião, para indicar a perda do controle de territórios ou propriedades por parte das autoridades eclesiásticas. No Direito Canônico, o mesmo termo passou a significar o retorno de um religioso ao "mundo". Em ambos os casos, quaisquer que sejam as discussões a respeito de determinados exemplos, o termo podia ser usado num sentido puramente descritivo e não valorativo. Isso, é claro, já não ocorre recentemente. O termo "secularização", e mais ainda seu derivado "secularismo", tem sido empregado como um conceito ideológico altamente carregado de conotações valorativas, algumas vezes positivas, outras negativas.[2] Em círculos anticlericais e "progressistas", tem significado a libertação do homem moderno da tutela da religião, ao passo que, em círculos ligados às Igrejas tradicionais, tem sido combatido como "descristianização", "paganização" e equivalentes. Essas duas perspectivas ideológicas, que dão aos mesmos fenômenos empíricos índices de valor opostos, podem ser observadas de maneira interessante nas obras de sociólogos da religião inspirados pelos pontos de vista marxista e cristão respectivamente.[3] O fato de que, desde a Segunda Guerra

---

[1] Cf. Hermann Luebbe. *Saekularisierung-Geschichte eines ideenpolitischen Begriffs*. Friburgo: Alber, 1965.

[2] Cf. *ibid.*, *passim*.

[3] Cf., por exemplo, Olof Klohr (org.). *Religion und Atheismus heute*. Berlim: Deutscher Verlag der Wissenschaft, 1966, com Sabino Acquaviva. *L'eclissi dei sacro nella civilitá industriale*. Milão: Edizioni Communità, 1961.

Mundial, certo número de teólogos, sobretudo protestantes, incorporando algumas linhas da última fase do pensamento de Dietrich Bonhoeffer, tenham invertido a avaliação cristã da "secularização" e a tenham saudado como a realização de motivos decisivos do próprio cristianismo, não elucidou a situação.[4] Não é de surpreender que, em vista deste furor ideológico, tenha-se sugerido que o termo fosse abandonado por confuso, senão por ser completamente sem sentido.[5]

Não concordamos com essa posição, a despeito da justificação da análise ideológica em que ela se baseia. O termo "secularização" refere-se a processos disponíveis empiricamente de grande importância na história ocidental moderna. Se esses processos devem ser deplorados ou saudados é irrelevante no âmbito do universo de discurso do historiador ou do sociólogo. É possível, na verdade, sem um esforço tão grande assim, descrever o fenômeno empírico sem assumir uma posição valorativa. É possível também investigar suas origens históricas, *inclusive* sua conexão histórica com o cristianismo, sem se afirmar se se trata de um desenvolvimento pleno ou de uma degenerescência dele. Esse ponto deve ser particularmente enfatizado, tendo-se em vista as discussões correntes entre os teólogos. Uma coisa é sustentar que há uma relação de causalidade histórica entre o cristianismo e alguns traços do mundo moderno. Outra, completamente diferente, é dizer que, "portanto", o mundo moderno, inclusive seu caráter secular, deve ser tido como certa realização lógica

---

[4] Cf. E. Bethge (org.). *Die muendige Welt*. Vols. 1-2. Munique: Kaiser, 1955-1956. Para uma afirmação recente de um ponto de vista semelhante, embora expresso num contexto mais barthiano, cf. Arnold Loen. *Saekularisation*. Munique: Kaiser, 1965. A avaliação cristã positiva da "secularidade" foi popularizada recentemente nos Estados Unidos por Harvey Cox. In: Idem. *The Secular City*. Nova York: Macmillan, 1965. Para uma afirmação dessa posição cristã mais orientada para uma perspectiva sociológica, cf. Dietrich von Oppen. *Das personale Zeitalter*. Stuttgart: Kreuz, 1960.

[5] Cf. Joachim Matthes. *Die Emigration der Kirche aus der Gesellschaft*. Hamburgo: Furche, 1964; cf. também as contribuições de Trutz Rendtorff e David Martin no *International Yearbook for the Sociology of Religion*, 2, 1966.

do cristianismo. É saudável lembrar, a esse respeito, que a maior parte das relações históricas têm um caráter irônico. Em outros termos, o curso da história tem pouco a ver com a lógica interna das ideias que nele apareceram às vezes como fatores causais.[6]

Não é difícil esboçar uma definição simples de secularização para nossos fins. Por secularização entendemos o processo pelo qual setores da sociedade e da cultura são subtraídos à dominação das instituições e símbolos religiosos. Quando falamos sobre a história ocidental moderna, a secularização manifesta-se na retirada das Igrejas cristãs de áreas que antes estavam sob seu controle ou influência: separação da Igreja e do Estado, expropriação das terras da Igreja, ou emancipação da educação do poder eclesiástico, por exemplo. Quando falamos em cultura e símbolos, todavia, afirmamos implicitamente que a secularização é mais que um processo socioestrutural. Ela afeta a totalidade da vida cultural e da ideação e pode ser observada no declínio dos conteúdos religiosos nas artes, na filosofia, na literatura e, sobretudo, na ascensão da ciência, como uma perspectiva autônoma e inteiramente secular, do mundo. Mais ainda, subentende-se aqui que a secularização também tem um lado subjetivo. Assim como há uma secularização da sociedade e da cultura, também ha uma secularização da consciência. Isso significa, simplificando, que o Ocidente moderno tem produzido um número crescente de indivíduos que encaram o mundo e suas próprias vidas sem o recurso às interpretações religiosas.

Embora a secularização possa ser vista como um fenômeno global das sociedades modernas, sua distribuição entre elas não é uniforme. Cada grupo da população tem sido atingido de modo

---

[6] Esse ponto ganha pungência, se se pensar na proeminência da obra de Weber nessa discussão. Quem quer que cite Weber nesse contexto deveria lembrar-se de sua compreensão da relação irônica entre as intenções humanas e suas consequências históricas!

diferente.⁷ Assim, descobriu-se que o impacto da secularização tende a ser mais forte nos homens do que nas mulheres, em pessoas de meia-idade do que nas muito jovens ou idosas, nas cidades do que no campo, em classes diretamente vinculadas à moderna produção industrial (particularmente a classe trabalhadora) do que nas de ocupações mais tradicionais (como artesãos ou pequenos comerciantes), em protestantes e judeus do que em católicos, e assim por diante. Pelo menos no que concerne à Europa, é possível dizer, com alguma segurança, com base nesses dados, que a religiosidade ligada à Igreja é mais forte (e assim, de alguma forma, a secularização socioestrutural o é menos) nas áreas marginais da sociedade industrial moderna, tanto em termos de classes marginais (como nas velhas pequeno-burguesias remanescentes), quanto em termos de indivíduos (como nos que estão fora do processo de trabalho).⁸ A situação nos Estados Unidos é diferente. Aí, as Igrejas ainda ocupam uma posição simbólica mais central, mas pode-se argumentar que elas têm conseguido manter essa posição por terem-se tornado elas próprias altamente secularizadas, de sorte que o caso europeu

---

⁷ Provavelmente, a maior quantidade de dados sobre a diferenciação social da identificação religiosa foi coletada por Gabriel Le Bras e aqueles (sobretudo sociólogos católicos) que seguiram seus métodos. Cf. seus *Estudes de sociologie religieuse*. Paris: Presses Universitaires de France, 1955. Cf. também Emile Pin. *Pratique religieuse et classes sociales*. Paris: Spes, 1956, e F. A. Isambert. *Christianisme et classe ouvrière*. Tournai: Casterman, 1961. As obras de Joseph Fichter, começando com *Southern Parish*. Chicago: Chicago University Press, 1951, refletem uma orientação muito semelhante na sociologia católica americana. A obra clássica sobre esta problemática geral na sociologia da religião nos Estados Unidos é Richard Niebuhr. *The Social Sources of Denominationalism*. Nova York: Holt, 1929, que estimulou muitos estudos de caso empíricos. Para um exemplo recente, cf. N. J. Demerath, *Social Class in American Protestantism*. Chicago: Rand McNally, 1965. O mais completo estudo desse tipo nos Estados Unidos é, provavelmente, Gerhard Lenski. *The Religions Factor*. Garden City, N. Y.: Doubleday, 1961.

⁸ Isso foi resumido sucintamente por Thomas Luckmann: "Dagegen ist aus den Forschungsergebnissen zu entnehmen, dass, Kirchlichkeit zu einem Randphaenomen in der modernen Gesellschaft geYorden ist. In Europa charakterisiert Kirchlichkeit nur einen geringen Bruchteil der Bevoelkerung, und zwar bezeichnenderweise jenen Teil, der selbst sozusagen am Rand der modernen Gesellschaftsentwicklung steht, so vor allem die Bauern, das Klein-buergertum, die Ueberbleibsel 'staendischer' Herkunft innerhalb der Mittel-schicht, die noch nicht in den Arbeitsprozess Eingeschalteten oder die aus dem Arbeitsprozess schon Ausgeschalteten" (*Das Problem der Religion in der modernen Gesellschaft*. Friburgo: Rombach, 1963, p. 29). Cf. também Reinhard Koester. *Die Kirchentreuen*. Stuttgart: Enke, 1959.

e o norte-americano representam duas variantes do mesmo tema subjacente da secularização global.[9] Mais ainda, parece que essas mesmas forças secularizantes expandiram-se pelo mundo todo junto com a ocidentalização e a modernização.[10] A rigor, a maior parte dos dados disponíveis refere-se às manifestações socioestruturais da secularização e não à secularização da consciência, mas temos dados suficientes que indicam a presença maciça desta última no Ocidente contemporâneo.[11] Não podemos nos deter aqui na interessante questão do grau em que possa haver, por assim dizer, assimetria entre essas duas dimensões da secularização, de sorte que não só possa haver secularização da consciência no âmbito de instituições religiosas tradicionais, como também a persistência de traços de consciência religiosa mais ou menos tradicionais fora de seus contextos institucionais anteriores.[12]

Se, com fins heurísticos, nós tomássemos um ponto de vista epidemiológico com relação à secularização, seria natural perguntarmos quais são os seus "portadores".[13] Em outras palavras, quais são os processos e os grupos socioculturais que servem de veículos ou intermediários da secularização? Vista de fora da civilização ocidental (digamos, por um preocupado tradicionalista

---

[9] Este ponto também foi muito bem colocado por Luckmann, op. cit. Para a secularização dentro da religião institucional nos Estados Unidos, cf. Will Herberg. Protestant-Catholic-Jew. Garden City, N. Y.: Doubleday, 1955, e o meu The Noise of Solemn Assemblies. Garden City, N. Y.: Doubleday, 1961.

[10] Cf. Daniel Lerner. The Passing of Traditional Society. Glencoe, Ill.: Free Press, 1958; Robert Bellah (org.). Religion and Progress in Modern Asia. Nova York: Free Press, 1965; Donald Smith (org.). South Asian Politics and Religion. Princeton: Princeton University Press, 1966.

[11] Embora o material acumulado por sociólogos católicos se refira principalmente aos aspectos institucionais da secularização (em particular, ao que diz respeito aos aspectos exteriores da prática religiosa), também podem ser encontrados aí muitos dados sobre seus correlatos subjetivos. Cf., Acquaviva, op. cit., para um resumo, bem como Hervé Carrier. Psycho-sociologie de l'appartenance religieuse. Roma, Presses de l'Université Grégorienne, 1960. Cf. também, Gordon Allport. The Individual and His Religion. Nova York: Macmillan, 1950; Hans-Otto Woelber. Religion ohne Entscheidung. Goettingen: Vandenhoeck & Ruprecht, 1959; Rose Goldsen et al. What College Students Think. Princeton: Van Nostrand, 1960.

[12] Sobre esta última possibilidade, cf. Eberhard Stammler. Protestanten ohne Kirche. Stuttgart: Kreuz, 1960.

[13] O termo "portador" (Traeger) é usado aqui no sentido weberiano.

hindu), a resposta é óbvia: é essa civilização, como um todo, em sua expansão pelo mundo (e quase não se precisa enfatizar que, desse ponto de vista, o comunismo e o nacionalismo moderno são manifestações da ocidentalização exatamente como seus predecessores imperialistas"). Vista de dentro da civilização ocidental (digamos, por um padre apreensivo da área rural da Espanha), o "portador" primário da secularização é o processo econômico moderno, ou seja, a dinâmica do capitalismo industrial. A rigor, pode haver efeitos "secundários" dessa dinâmica que constituem o problema imediato (por exemplo, os conteúdos secularizantes dos modernos meios de comunicação ou as influências de uma massa heterogênea de turistas trazidos pelos modernos meios de transporte). Mas não leva muito tempo para se remontar desses efeitos "secundários" à sua fonte original na economia industrial-capitalista em expansão. Naquelas regiões do mundo ocidental em que a industrialização assumiu formas socialistas de organização, o principal fator determinante da secularização continua a ser a proximidade dos processos de produção industrial com os seus concomitantes estilos de vida.[14] Hoje em dia, parece que é a sociedade industrial em si mesma que está secularizando-se e que as suas diferentes legitimações ideológicas servem meramente como modificações do processo de secularização global. Assim, a propaganda antirreligiosa e as medidas repressivas dos regimes marxistas naturalmente afetam o processo de secularização (embora, talvez, nem sempre do modo desejado por seus autores), como o fazem também as políticas pró-religiosas de vários governos não marxistas. Parece, contudo, que essas duas atitudes político-ideológicas são tributárias de forças societárias básicas, que antecedem as políticas específicas em questão, e sobre as quais os governos têm apenas um controle limitado. Esse estado de

---

[14] Cf. Klohr, *op. cit*. Para uma boa comparação com dados recentes de um contexto enfaticamente não socialista, cf. Ramón Bayes. *Los inpenieros, la sociedad y la religion*. Barcelona: Fontanella, 1965. A comparação teria divertido Veblen!

coisas torna-se divertidamente evidente, quando vemos dados sociológicos muito semelhantes para países socialistas e não socialistas (por exemplo, no que toca à secularidade da classe trabalhadora e à religiosidade dos camponeses) serem usados por observadores marxistas para deplorar a eficiência limitada da agitação do "ateísmo científico", e pelos observadores cristãos para lamentar os fracassos da evangelização, a ponto de se ser tentado a sugerir que os dois grupos se reunissem e se confortassem mutuamente.

Parece-nos axiomático que um fenômeno histórico desse alcance não se reduzirá a nenhuma explicação monocausal. Assim, não temos interesse algum em denegrir nenhum dos vários fatores que têm sido apontados como causas da secularização (como, por exemplo, a influência profunda da ciência moderna). Tampouco estamos interessados, no presente contexto, no estabelecimento de uma hierarquia de causas. Estamos interessados, porém, na questão de se saber até que ponto a tradição religiosa do Ocidente terá trazido em si mesma as sementes da secularização. Se se pode sustentar isso, como pensamos, deve ficar claro, a partir de nossas considerações sistemáticas, que *não* se deve considerar que o fator religioso opere isolado dos outros fatores, mas sim que ele se mantém numa contínua relação dialética com a infraestrutura "prática" da vida social. Em outras palavras, nada está mais distante de nossa mente que propor uma explicação "idealista" da secularização. Também deve ficar claro que qualquer demonstração das consequências secularizantes da tradição religiosa ocidental nada nos diz acerca das intenções daqueles que modelaram e levaram avante essa tradição.[15]

Não é nova, de modo algum, a suspeita de que deve haver alguma conexão básica entre o cristianismo e o caráter do

---

[15] Esses dois pontos, é claro, são cruciais para se compreender a obra de Weber nesta área e na sociologia da religião, em geral.

mundo ocidental moderno. Desde Hegel, pelo menos, repetidamente têm afirmado essa conexão historiadores, filósofos e teólogos, embora, é claro, tenha variado bastante a avaliação que faziam disso. Assim, poder-se-ia interpretar o mundo moderno como a mais alta realização do espírito cristão (como Hegel o interpretava), ou poder-se-ia encarar o cristianismo como o principal fator patogênico responsável pelo suposto estado lastimável do mundo moderno (como, por exemplo, em Schopenhauer e Nietzsche). A noção de que o protestantismo tenha desempenhado um papel particular no estabelecimento do mundo moderno tem sido assunto de um amplo debate entre sociólogos e historiadores, nos últimos cinquenta anos mais ou menos. Pode ser útil, todavia, resumir brevemente essa noção aqui.[16]

Comparado com a "plenitude" do universo católico, o protestantismo parece ser uma mutilação radical, uma redução aos elementos "essenciais", sacrificando-se uma ampla riqueza de conteúdos religiosos. Isso é particularmente verdadeiro no que se refere à versão calvinista do protestantismo, mas, em muitos aspectos, também se pode dizer o mesmo da Reforma luterana e até da anglicana. Nossa afirmação é meramente descritiva; não estamos interessados em nenhuma justificação teológica que possa haver, quer para o *pleroma* católico, quer para a dispersão evangélica do protestantismo. Se observarmos mais cuidadosamente essas duas constelações religiosas, porém, o protestantismo poderá ser descrito como uma imensa redução do âmbito do sagrado na realidade, comparado com seu adversário católico. O aparato sacramental reduz-se a

---

[16] O sumário seguinte segue de perto Weber, particularmente seu *The Protestant Ethic and the Spirit of Capitalism*, op. cit. Cf. também Ernst Troeltsch. *Die Bedeutung des Protestantismus fuer die Entstehung der modernen Welt*. München: Oldenbourg, 1911; Karl Holl, "Die Kulturbentung der Reformation". In: *Gesammelte Aufaetze zur Kirchengeschichte*. Vol. 1. Tübingen: J.C.B. Mohr (Paul Siebeck), 1932. Para uma vinculação disso com a problemática da secularização, cf. Howard Becker. "Saekularisationsprozesse". In: *Koelner Vierteljahereshefte fuer Soziologie*. München-Leipzig, 1932, 283ss. e 450ss.

um mínimo e, mesmo assim, despido de suas qualidades mais numinosas. Desaparece também o milagre da missa. Milagres menos rotineiros, embora não sejam completamente negados, perdem todo o significado real para a vida religiosa. Desaparece também a imensa rede de intercessão que une os católicos neste mundo com os santos e, até mesmo, com todas as almas. O protestantismo deixou de rezar pelos mortos. Simplificando-se os fatos, pode-se dizer que o protestantismo despiu-se tanto quanto possível dos três mais antigos e poderosos elementos concomitantes do sagrado: o mistério, o milagre e a magia. Esse processo foi agudamente captado na expressão "desencantamento do mundo".[17] O crente protestante já não vive em um mundo continuamente penetrado por seres e forças sagrados. A realidade está polarizada entre uma divindade radicalmente transcendente e uma humanidade radicalmente "decaída" que, *ipso facto*, está desprovida de qualidades sagradas. Entre ambas, está um universo completamente "natural", criação de Deus, é verdade, mas em si mesmo destituído de numinosidade. Em outras palavras, a radical transcendência de Deus defronta-se com um universo de radical imanência, "fechado" ao sagrado. Religiosamente falando, o mundo se torna muito solitário, na verdade.

    O católico vive em um mundo no qual o sagrado é mediado por uma série de canais – os sacramentos da Igreja, a intercessão dos santos, a erupção recorrente do "sobrenatural" em milagres – uma vasta continuidade de ser entre o que se vê e o que não se vê. O protestantismo aboliu a maior parte dessas mediações. Ele rompeu a continuidade, cortou o cordão umbilical entre o céu e a terra, e assim atirou o homem de volta a si mesmo de uma maneira sem precedentes na história. Não é preciso dizer que não era essa a sua intenção. Seu objetivo, ao despir o mundo de divindade, era acentuar a terrível majestade do Deus

---

[17] Weber: "Entzauberung der Welt".

transcendente e, ao atirar o homem num estado de "queda" total, abri-lo à intervenção da graça soberana de Deus, o único verdadeiro milagre no universo protestante. Fazendo isso, porém, o protestantismo, reduziu o relacionamento do homem com o sagrado ao canal, excessivamente estreito, que ele chamou de palavra de Deus (que não se deve identificar com uma concepção fundamentalista da Bíblia, mas com a excepcional ação redentora da graça de Deus – a *sola gratia* das confissões luteranas). Enquanto se manteve a plausibilidade dessa concepção, deteve-se efetivamente a secularização, embora todos os seus componentes já estivessem presentes no universo protestante. Todavia, bastava romper esse estreito canal de mediação para se abrirem as comportas da secularização. Em outras palavras, já que nada restou "entre" um Deus radicalmente transcendente e um mundo humano radicalmente imanente exceto esse único canal, quando este submergiu na implausibilidade, deixou uma realidade empírica na qual, verdadeiramente, "Deus está morto". Essa realidade tornou-se, tanto no pensamento quanto na ação, receptiva à penetração sistemática e racional, que associamos à ciência e à tecnologia modernas. Um céu onde não há mais anjos está aberto à intervenção do astrônomo e, eventualmente, do astronauta. Pode-se sustentar, pois, que o protestantismo funcionou como um prelúdio historicamente decisivo para a secularização, qualquer que tenha sido a importância de outros fatores.

Se se aceitar essa interpretação do nexo histórico entre o protestantismo e a secularização (como hoje provavelmente é a opinião da maior parte dos estudiosos), a questão torna-se então saber se o potencial secularizante do protestantismo foi um *novum* ou se ele tem suas raízes em elementos anteriores da tradição bíblica. Afirmamos que a segunda hipótese é a correta, ou seja, as raízes da secularização encontram-se nas mais antigas fontes disponíveis da religião de Israel. Em outras palavras, sustentamos que o "desencantamento do mundo" começa no Antigo Testamento.[18] Para se avaliar essa posição, deve-se situar o antigo Israel no contexto das culturas em meio às quais ele surgiu e *contra* as quais ele se definiu.[19] Embora seja errôneo subestimar as diferenças consideráveis que há entre essas culturas (notadamente entre os dois focos culturais, Egito e Mesopotâmia), uma característica comum é a de serem, como tem sido apropriadamente chamadas, culturas "cosmológicas".[20] Isso significa que o mundo humano (ou seja, tudo o que hoje chamaríamos de cultura e sociedade) está inserido numa ordem cósmica que abarca o universo inteiro. Essa ordem não só deixa de fazer a clara distinção moderna entre as esferas humana e não humana (ou "natural") da realidade empírica, mas – e isso é mais importante – postula uma continuidade entre o empírico e o supra-empírico, entre o mundo dos homens e o mundo dos deuses. Essa continuidade, que pressupõe uma união permanente dos acontecimentos humanos com as forças divinas que permeiam o universo, é efetuada (não apenas reafirmada, mas literalmente reestabelecida) repetidas vezes no ritual religioso. Por exemplo, na grande festa de Ano Novo da antiga Mesopotâmia, a criação do mundo não é apenas representada (como nós entenderíamos

---

[18] Este ponto é estabelecido, bem explicitamente, em *Ancient Judaism* de Weber, embora o termo "secularizado" só apareça uma vez (se bem que num lugar interessante, onde Weber discute o efeito da centralização do culto em Jerusalém sobre a significação religiosa do clã). Mas o principal interesse de Weber no Antigo Testamento era por uma questão diferente, apesar de relacionada a esta, a saber: o desenvolvimento da ética econômica judaica e sua relação (que ele pensava fosse mínima) com as origens do capitalismo moderno. Contudo, a obra de Weber sobre o Antigo Testamento também é de grande importância para a questão que nos ocupa no presente momento. Os estudiosos da Bíblia têm apontado repetidamente as tendências "dessacralizantes" ou "demitologizantes" do Antigo Testamento, pelo menos desde Wellhausen (que falou em "desnaturalização" ao comparar Israel às religiões circundantes do Oriente Próximo). Para uma afirmação muito clara desse ponto de vista (embora com fins teológicos e não históricos), cf. Friedrich Gogarten. *Verhaengnis und Hoffnung der Neuzeit*. Stuttgart: Friedrich Vorwerk Verlag, 1953.

[19] Cf. Henri Frankfort *et al. The Intellectual Adventure of Ancient Man*. Chicago: University of Chicago Press, 1946; Idem. *Kingship and the Gods*. Chicago: University of Chicago Press, 1948; Eric Voegelin. *Israel and Re-velation*. Baton Rouge: Louisiana State University Press, 1956.

[20] Este termo é tirado de Voegelin.

hoje, em termos de algum tipo de simbolismo). Ela é realizada, tornada realidade, assim como a vida humana volta novamente à sua fonte divina. Deste modo, a tudo o que ocorre "aqui embaixo" no plano humano corresponde um "lá em cima" no plano dos deuses, e tudo o que ocorre "agora" está vinculado aos acontecimentos cósmicos que ocorreram "no princípio".[21] Essa continuidade entre o microcosmo humano e o macrocosmo divino pode, é claro, ser rompida, especialmente por causa de faltas cometidas pelos homens. Essas faltas podem ser do tipo que hoje chamaríamos de "faltas contra a ética" ou "pecados", mas elas também podiam ser de um tipo muito diverso, como quebra de tabus ou realização inadequada de cerimônias religiosas. Em tais casos, a ordem cósmica foi "ofendida" e deve ser "desagravada" pelos atos morais e rituais apropriados. Por exemplo, a desobediência ao rei deus do Egito não é apenas um delito ético ou político, mas um distúrbio da ordem cósmica das coisas (expresso como *ma'at* pelos egípcios) que pode afetar a cheia anual do Nilo bem como o funcionamento adequado das relações sociais ou a segurança das fronteiras. Sua "correção", portanto, não é só a punição de quem cometeu o delito, mas o restabelecimento do relacionamento adequado entre a terra do Egito e a ordem cósmica na qual ele se assenta. Para usarmos dois termos que já discutimos, as coisas humanas são continuamente nomizadas por meio da cosmificação, ou seja, são trazidas para a ordem cósmica fora da qual só há o caos.[22]

É preciso enfatizar que esse tipo de universo dá uma grande segurança ao indivíduo. Para falarmos em termos negativos, trata-se de um universo que oferece barreiras muito eficazes contra a anomia. Isso não quer absolutamente dizer que nada de terrível possa acontecer ao indivíduo ou que lhe está assegurada uma felicidade permanente. Quer dizer que tudo o que venha a acontecer, embora possa ser terrível, *tem sentido* para ele, por

---

[21] Mircea Eliade. *Cosmos and History*. Nova York: Harper, 1959.
[22] O termo "cosmificação" é tirado de Eliade.

estar relacionado ao significado último das coisas. Somente a partir dessa colocação é que se pode compreender a contínua atração que as diversas versões dessa visão de mundo exerceram sobre os israelitas, mesmo muito tempo depois que o próprio desenvolvimento religioso destes tinha rompido com ela. Assim, por exemplo, seria um erro pensar que a contínua atração pela prostituição sagrada (contra a qual os mensageiros de Iahweh clamaram por séculos) fosse devida à concupiscência mundana. Afinal, podemos presumir que houvesse inúmeras prostitutas *não* sagradas (com relação às quais, parece, Iahweh tinha poucas objeções). A atração, na verdade, repousa num desejo religioso total, a saber, na nostalgia da continuidade entre homem e cosmos, mediada sacralmente pela sexualidade sagrada.

É profundamente significativo que as tradições incorporadas posteriormente ao cânon do Antigo Testamento interpretassem as origens de Israel em termos de um *duplo* êxodo: o êxodo dos patriarcas da Mesopotâmia e o grande êxodo do Egito, sob Moisés. Esse êxodo israelita prototípico não foi apenas um movimento geográfico ou político. Na verdade, ele constituiu uma ruptura com todo um universo. No coração da religião do antigo Israel, jaz o repúdio veemente das versões egípcia e mesopotâmica da ordem cósmica, repúdio esse que foi estendido à cultura indígena pré-israelita da Síria e da Palestina. As "panelas de carne do Egito", das quais Iahweh tirou Israel para conduzi-lo ao deserto, representam, acima de tudo, a segurança da ordem cósmica na qual estava arraigada a cultura egípcia. Israel definiu-se a si próprio em termos de ruptura com a unidade cósmica que a teologia menfita (em vários sentidos, a *magna charta* da civilização egípcia) identificava com a divindade Ptah, "pois tudo veio dele, os alimentos e provisões, as ofertas dos deuses e todas as coisas boas".[23] Essa grande negação da religião

---

[23] James Pritchard (org.). *Ancient Near Eastern Texts.* Princeton: Princeton University Press, 1955, p. 5. Para um comentário desse texto fascinante, cf. John Wilson. *The Burden of Egypt.* Chicago: University of Chicago Press, 1951.

israelita pode ser analisada em termos de três traços dominantes: transcendentalização, historicização e a racionalização da ética.[24] O Antigo Testamento postula um Deus que está *fora* do cosmos. Esse cosmos foi criado por Deus, e eles se defrontam, mas não se permeiam. Não é fácil dizer em que ponto do desenvolvimento religioso do antigo Israel surgiu aquela concepção de Deus que nós hoje associamos com o monoteísmo judaico-cristão. Cerca do século VIII, no máximo, já encontramos essa concepção inteiramente desenvolvida e radicalmente diversa das concepções religiosas do Oriente Próximo antigo. Esse Deus é radicalmente transcendente e não se identifica com nenhum fenômeno natural ou humano. Ele não é apenas o criador do mundo, mas o *único* Deus, se não o único em existência, de qualquer forma o único que contava para Israel. Ele aparece sem cônjuges ou prole, desacompanhado de qualquer tipo de panteão. Além disso, esse Deus atua historicamente e não cosmicamente, em particular, mas não de maneira exclusiva, na história de Israel e é um Deus de exigências éticas radicais. Embora não possamos identificar completamente as primitivas concepções israelitas sobre Deus com as que encontramos expressas por Amós, Oseias e Isaías no século VIII, há alguns traços que ele aparentemente já possuía desde os tempos primitivos e que provavelmente antecedem a vinda das tribos israelitas para a Palestina. Iahweh – não importa o que ele tenha sido antes de sua "adoção" por Israel (um processo que, é claro, Israel considerou a *sua* "adoção" por *ele*) – era para Israel um Deus muito distante. Ele não era uma divindade local ou tribal ligada "naturalmente" a Israel, mas um Deus vinculado a Israel "artificialmente", ou seja, historicamente. Esse vínculo foi estabelecido pela aliança entre Iahweh e Israel, um relacionamento

---

[24] O último desses três termos é tirado de Weber. Os termos "racionalização" e "racionalidade" são usados por inteiro no sentido weberiano. Para uma visão geral da religião israelita, cf. Edmond Jacob, Théologie de *l'Ancien Testament*. Neuchâtel: Delachaux & Niestlé, 1955; Voegelin, *op. cit.*; Gerhard von Rad, *Theologie des alten Testaments*. Vols. 1-2, Munique: Kaiser, 1957 e 1960.

que acarretava obrigações bastante específicas para Israel e que podia ser suspensa, se essas obrigações não fossem cumpridas (*isso* era, na verdade, a terrível mensagem do profetismo do século VIII). Iahweh era, por conseguinte, um Deus "móvel", que não podia ser tolhido geográfica ou institucionalmente; ele tinha *escolhido* a Palestina como a terra de Israel, mas não estava preso a ela; ele tinha *escolhido* Saul e Davi para reis de Israel, mas a monarquia não era, de forma alguma, uma instituição divina no sentido egípcio ou mesmo no (modificado) sentido mesopotâmico. Essa "mobilidade" de Iahweh era bem expressa no fato de a Arca da Aliança poder ser levada de um lugar para outro. Apenas "acidentalmente" estava ela neste ou naquele santuário e, mesmo quando finalmente ela veio a ser depositada no templo de Jerusalém, este não podia de modo algum ser tido como o *habitat* obrigatório de Iahweh (com a consequência imensamente importante de Israel ter sobrevivido à destruição de Jerusalém primeiro pelos babilônicos e depois, de uma maneira diferente, pelos romanos). Esse Deus exigia sacrifícios, porém não dependia deles; em consequência, era fundamentalmente imune às manipulações mágicas.[25]

É exatamente nos lugares em que se incorporam elementos de uma religião não israelita que se pode ver a radical transcendentalização de Deus no Antigo Testamento. Um bom exemplo é a história da criação de Gênesis 1, que incorpora vários elementos cosmogônicos da mitologia mesopotâmica. Não obstante o interesse que esses elementos possam ter para o historiador da religião, mesmo uma comparação superficial com o Enuma Elish, a grande epopeia acadiana da criação, mostra claramente a transformação que sofreram nas mãos dos adaptadores

---

[25] A maior parte desses pontos foi levantada explicitamente por Weber. Na verdade, é surpreendente que pouca coisa haja a acrescentar à descrição feita por Weber da concepção israelita de Deus, a despeito do conhecimento bem mais amplo que se adquiriu sobre o contexto geral do Oriente Próximo desde então. Para discussões mais recentes da história primitiva do javismo, cf. Albrecht Alt, *Der Gott der Väter*. Stuttgart: Kohlhammer, 1929, e Samuel Nyström, *Beduinentum und Jahwismus*, s.l./s.d., 1946.

israelitas. Lá, encontramos um mundo luxuriante de deuses e suas façanhas; aqui, não há nada anterior a Deus, cujo ato de criação é o início de todas as coisas, e o caos (o *tohu vavohu* do texto do Gênesis) é reduzido a mera negatividade esperando as ações de Deus. Mesmo no único lugar da narrativa do Gênesis em que permanece um traço inconfundível de um nome da mitologia – o *tehom*, o "abismo" sobre o qual estavam as trevas, termo Hebraico cognato do nome da deusa mesopotâmica Tiamat, de cujas águas se formaram os deuses – esse foi reduzido a uma categoria metafísica abstrata. Significativamente, a narrativa do Gênesis acaba com a criação do homem, como um ser distinto em alto grau de todas as outras criaturas, ou seja, há uma enfática *des*continuidade não só com Deus, mas também com o resto da criação. Encontramos claramente expressa aqui a polarização bíblica fundamental entre o Deus transcendente e o homem, com um universo inteiramente "demitologizado" entre eles.[26]

Nessa polarização, o traço da historicização já está implícito. O mundo, despojado de forças divinas concebidas mitologicamente, torna-se a arena, por um lado, dos grandes atos de Deus (ou seja, a arena da *Heilsgeschichte*) e, pelo outro, da atividade de homens altamente individuados (ou seja, a arena da história profana), que povoam as páginas do Antigo Testamento num grau único na literatura religiosa antiga. A fé de Israel era *histórica* desde as fontes mais antigas até a sua codificação canônica.[27] Referia-se, acima de tudo, a uma série

---

[26] Cf. Hermann Gunkel. *Genesis*. Göttingen: Vandenhoeck & Ruprecht, 1917; Gerhard von Rad. *Das erste Buch Mose*. Neustadt: E. Paulus, 1950. O texto do Enuma Elish pode ser encontrado em Pritchard, *op. cit.*, cf. também Anne-Marie Esnoul *et al. La naissance du monde*. Paris: Editions du Seuil, 1959.

[27] Cf. Artur Weise. *Glaube und Geschichte in alten Testament*. Stuttgart: s.ed.,1931; Edmond Jacob. *La tradition historique en Israel*. Montpellier: Faculté de Théologie Protestante, 1946; C. R. North. *The Old Testament Interpretation of History*. Londres: Epworth Press, 1946. A mesma compreensão da historicidade de todo o Antigo Testamento é elaborada, com muitos detalhes, na já citada obra de von Rad, Theologie des alten Testaments, München: Kaiser, 1962-1965, particularmente no vol. 1. Cf. também Oscar Cullmann. *Christ et le temps*. Neuchâtel: Delachaux & Niestlé, 1947.

de acontecimentos históricos específicos: o êxodo do Egito, o estabelecimento da aliança no Sinai, a tomada da terra. Assim, o primeiro "credo" conhecido do antigo Israel, o texto atualmente contido no Deuteronômio 26,5-9, nada mais é que uma narrativa de acontecimentos históricos, todos, é claro, atribuídos a atos de Deus. Pode-se dizer, sem grande exagero, que todo o Antigo Testamento – "Torá, profetas e 'escritos'" – é uma imensa elaboração desse credo. Praticamente não há nenhum livro atualmente contido no Antigo Testamento que não tenha orientação histórica, diretamente ou por enraizamento no culto historicamente orientado (as duas exceções, Eclesiastes e Jó, são bastante tardias). Cerca da metade do *corpus* do Antigo Testamento é constituída por obras "historiográficas" propriamente ditas – Hexateuco, Reis e Crônicas com outras obras puramente históricas como Ester. A orientação dos livros proféticos é esmagadoramente histórica. Os Salmos estão enraizados em um culto que se refere constantemente aos atos históricos de Deus, como o ciclo anual de festas israelitas exprimia com bastante clareza. O Antigo Testamento gira em torno da história de uma forma que nenhum outro grande livro religioso do mundo o faz (inclusive o Novo Testamento).

Pode-se dizer que a transcendentalização de Deus e o concomitante "desencantamento do mundo" abriram um "espaço" para a história, como arena das ações divinas e humanas. Aquelas são realizadas por um Deus que está inteiramente fora do mundo; estas pressupõem uma considerável individuação na concepção do homem. O homem aparece como ator histórico diante da face de Deus (o que é muito diferente, diga-se de passagem, do homem como ator diante do destino, como na tragédia grega). Assim, os homens são vistos cada vez menos como representantes de coletividades concebidas mitologicamente, como era típico do pensamento arcaico. Mas são vistos como indivíduos únicos e distintos que desempenham atos importantes como indivíduos. Basta pensar nos perfis de figuras como

Moisés, Davi, Elias etc. Isso é verdadeiro mesmo para figuras que podem ser o resultado de "demitologizações" de figuras originalmente semidivinas, como os patriarcas ou heróis como Sansão (possivelmente derivado do deus cananeu Shamash). Isso *não* quer dizer que apareça no Antigo Testamento o que o Ocidente moderno entende por "individualismo". Tampouco aparece a concepção de indivíduo atingida pela filosofia grega. Na realidade, cria-se um quadro de referência religioso para a concepção do indivíduo, sua dignidade e sua liberdade de ação. Não é preciso enfatizar a importância que isso tem para a história do mundo, mas é necessário vermos a conexão com as raízes da secularização, que é o que nos interessa aqui.

O desenvolvimento de uma grandiosa teologia da história na literatura profética do Antigo Testamento é muito bem conhecido e não é preciso estendermo-nos sobre esse ponto. Mas cumpre observar que a mesma historicidade abrange o culto e a lei no antigo Israel. As duas festas cultuais mais importantes do Antigo Testamento são historicizações de momentos que anteriormente eram legitimados mitologicamente. A Páscoa, originalmente (isto é, em suas origens extraisraelitas) a festa que celebrava a fertilidade divina, torna-se a celebração do Êxodo. A festa do Ano Novo (inclusive o *Yom Kippur*), originalmente a atualização dos mitos cosmogônicos, torna-se a celebração do reino de Iahweh sobre Israel. A mesma historicidade abrange as festas menores. A lei e a ética do Antigo Testamento também se localizam num quadro de referência histórico, pois sempre se relacionam a obrigações que a aliança com Iahweh impõe a Israel e a cada israelita. Em outras palavras, ao contrário do resto do Oriente Próximo antigo, a lei e a ética não estão fundadas numa ordem cósmica eterna (como no *ma'at* egípcio), mas nos mandamentos concretos e historicamente mediados do "Deus vivo". É nesse sentido que se deve entender a expressão recorrente de condenação: "não se faz tal coisa em Israel". É claro que se podem encontrar expressões semelhantes em outras culturas, mas aqui elas se referem precisamente à lei que foi, historicamente, "dada a Moisés". Foi baseada nessas primeiras pressuposições que a concepção israelita da história se desenvolveu da fé original na eleição do povo por Iahweh às teodiceias da história e escatologias monumentais dos últimos profetas. O traço da racionalização ética no Antigo Testamento (no sentido de impor racionalidade à vida) está estreitamente relacionado aos outros dois traços que acabamos de descrever.[28] Um elemento de racionalização estava presente desde o início, sobretudo por causa do caráter antimágico do javismo. Esse elemento foi "mantido" tanto pelo grupo sacerdotal quanto pelo profético. A ética sacerdotal (como se vê no Deuteronômio, sua expressão monumental) era racionalizante ao excluir do culto qualquer elemento mágico ou orgiástico e também ao desenvolver a lei religiosa (*torah*) como a disciplina fundamental da vida cotidiana. A ética profética era racionalizante ao insistir na totalidade da vida como serviço de Deus, impondo, assim, uma estrutura coesa e, *ipso jacto*, racional a todo o espectro das atividades cotidianas. Essa mesma ética profética embasou aquela teodiceia da história (especialmente no Dêutero-Isaías) que permitiu a Israel sobreviver à catástrofe do exílio na Babilônia. Depois dele, porém, pode-se dizer que sua eficácia histórica "se esgotou". A ética sacerdotal que, sem dúvida, foi fortemente influenciada pelos ensinamentos dos profetas) continuou desenvolvendo as instituições legais e litúrgicas em torno das quais a comunidade pós-exílica pôde ser reconstituída sob Esdras e Neemias. As instituições legais, constituindo a estrutura peculiar do que então se tornou o judaísmo, mostraram-se afinal capazes de sobreviver à extinção do culto, que se seguiu à destruição do segundo templo pelos romanos. O judaísmo da Diáspora

---

[28] O relato seguinte depende estreitamente de Weber. Sobre a relação da ética e da história israelitas, cf. Adolphe Lods. *Les prophètes d'Israël et les débuts du judaïsme*. Paris: La renaissance du livre, 1935, e Antonin Causse. *Du groupe ethnique à la communauté religieuse*. Paris: Alcan, 1937.

pode ser visto como o triunfo da racionalidade, num sentido especificamente jurídico. Por causa de seu caráter marginal no contexto da cultura ocidental, todavia, seria difícil sustentar que o judaísmo da Diáspora desempenhou um papel importante nos processos de racionalização que estão nas raízes do mundo moderno. É mais razoável supor que traço da racionalização tornou-se eficaz na formação do Ocidente moderno por meio de sua transmissão pelo cristianismo.

Não é preciso dizer que, nas páginas precedentes, não foi nossa intenção dar uma descrição resumida da história da religião israelita. Tentamos apenas dar algumas indicações de que o "desencantamento do mundo", que criou problemas nômicos singulares para o Ocidente moderno, tem raízes que antecedem bastante à Reforma e ao Renascimento, os quais são tidos comumente como seus marcos iniciais. Tampouco é preciso dizer que aqui não podemos tentar relatar a maneira pela qual a potencialidade de secularização da religião bíblica, combinada a outros fatores, desabrochou no Ocidente moderno. Apenas alguns comentários podem ser feitos sobre isso.[29]

Qualquer que tenha sido o perfil religioso de Jesus e de seus primeiros seguidores, parece fora de dúvida que a forma de cristianismo que se tornou dominante na Europa representa um passo atrás em termos dos traços de secularização da religião do Antigo Testamento (essa é uma afirmação descritiva à qual, é claro, não se deve atribuir nenhum tipo de valoração de nossa parte). Enquanto o caráter transcendente de Deus é fortemente afirmado, a própria noção de encarnação e, mais ainda, seu desenvolvimento teórico na doutrina trinitária representam modificações significativas na radicalidade da concepção israelita.

---

[29] Em nossa visão do papel histórico do cristianismo, somos, novamente, muito dependentes de Weber. Nossa compreensão da relação entre o cristianismo e o cosmos mitológico, por um lado, e o judaísmo, por outro, foi fortemente influenciada por Rudolf Bultmann. Cf. não apenas seus escritos sobre a "demitologização", mas também sua *Theology of The New Testament*. Texas: Baylor University Press, 1951; bem como seu *Das Urchristentum*. Zurique: Artemis, 1949. Cf. também Gogarten, *op. cit.*

Esse ponto foi visto mais claramente pelos críticos judeus e muçulmanos do cristianismo do que por aqueles do próprio campo cristão. Assim, há alguma justificação (novamente, é claro, num sentido puramente descritivo) para a concepção muçulmana clássica de que a essência da "apostasia" cristã do verdadeiro monoteísmo está na doutrina do *hullul* – "encarnacionismo", como ideia de que algo ou alguém pode estar ao lado de Deus ou servir como mediador entre Deus e o homem. Talvez não seja surpreendente que a noção cristã central da encarnação tenha trazido em sua esteira uma multiplicidade de outras modificações da transcendência: toda a multidão de anjos e santos com os quais o catolicismo povoou a realidade religiosa, culminando na glorificação de Maria como mediadora e corredentora. Na medida em que a transcendência divina modificava-se, o mundo era "reencarnado" (ou, caso se prefira, "remitologizado"). Diríamos, na verdade, que o catolicismo teve êxito em reestabelecer uma nova versão de ordem cósmica numa síntese gigantesca da religião bíblica com concepções cosmológicas não bíblicas. Nesse sentido, a importante doutrina católica da *analogia entis* entre Deus e homem, entre céu e terra, constitui uma reprodução da mimese da religião arcaica, pré-bíblica. Quaisquer que sejam as importantes diferenças que haja entre eles, veríamos tanto o catolicismo grego quanto o latino apresentando essencialmente a mesma reprodução nesse nível. É precisamente nesse sentido que o universo católico é um universo seguro para seus "habitantes" – e, por isso, muito atraente hoje em dia. É no mesmo sentido que se pode entender o catolicismo como a presença no mundo moderno de algumas das mais antigas aspirações religiosas do homem.

Além disso, o catolicismo barrou o processo de racionalização ética. Na verdade, o catolicismo latino absorveu um legalismo altamente racional herdado de Roma, mas seu penetrante sistema sacramental proporcionou inúmeras "saídas" da total racionalização da vida postulada pelo profetismo do Antigo Testamento ou pelo judaísmo rabínico. O absolutismo ético do tipo profético foi segregado de modo mais ou menos seguro nas instituições monásticas e, assim, evitou-se que "contaminasse" o corpo da cristandade como um todo. Novamente, modificou-se e abrandou-se a rigidez das concepções religiosas israelitas, exceto para aqueles poucos que escolheram a vida ascética. Teoricamente, pode-se dizer que a visão católica da lei natural representa uma "renaturalização" da ética; em certo sentido, seria um retorno à continuidade divino-humana do *ma'at* egípcio do qual Israel saiu para o deserto de Iahweh. No aspecto prático, a piedade e a moral católicas proporcionavam um tipo de vida que tornava desnecessária qualquer racionalização radical do mundo.[30]

Mas, embora seja razoável dizer que o cristianismo, especificamente em sua forma católica, inverteu ou, pelo menos, barrou os traços secularizantes da transcendentalização e da racionalização ética, não se pode dizer o mesmo com relação ao traço da historicização. O cristianismo latino no Ocidente, pelo menos, manteve-se inteiramente histórico em sua visão do mundo. Manteve a típica teodiceia bíblica da história e, com exceção daqueles movimentos místicos que (como por toda parte na órbita do monoteísmo bíblico) sempre se moveram na periferia da heresia, rejeitou aquelas construções religiosas que abdicariam deste mundo como arena da redenção. O cristianismo católico, portanto, trouxe consigo as sementes do ímpeto revolucionário, embora esse tenha frequentemente ficado latente por longos períodos sob os efeitos "cosmicizantes" do universo católico. Ele veio à tona repetidas vezes em vários movimentos quiliásticos, embora sua liberação como força de dimensões históricas mundiais devesse esperar pela desintegração da cristandade como estrutura viável e plausível para o homem ocidental.

---

[30] Novamente, nossa dependência para com Weber é óbvia aqui, cf. também Emest Troeltsche, *Die Sozialleheren der christlichen Kirchen*, s.d/s.ed., 1911.

Há outra característica central do cristianismo que, ainda que involuntariamente, serviu ao processo de secularização: a formação social da Igreja cristã. Em termos de sociologia da religião comparada, a Igreja cristã constitui um caso incomum de especialização institucional de religião, isto é, uma instituição especificamente relacionada à religião em contraposição a todas as outras instituições da sociedade.[31] É relativamente raro na história da religião um desenvolvimento semelhante. É mais comum a difusão de atividades e símbolos religiosos por todo o tecido institucional, embora o caso do cristianismo não seja único (por exemplo, de um modo bem diferente, a *sangha* budista constitui outro caso de especialização institucional). A concentração de atividades e símbolos religiosos em uma esfera institucional, porém, *ipso facto* define o resto da sociedade como "o mundo", como um reino profano pelo menos relativamente independente da jurisdição do sagrado. O potencial secularizante dessa concepção pôde ser "contido" enquanto a cristandade, com seu sensível equilíbrio do sagrado e do profano, existiu como uma realidade social. Com a desintegração dessa realidade, porém, "o mundo" pôde rapidamente ser secularizado; e isso pelo fato de que ele já tinha sido definido como um reino fora da jurisdição do sagrado propriamente dito. O desenvolvimento lógico disso pode ser visto na doutrina luterana dos dois reinos, na qual a autonomia do "mundo " secular recebe de fato uma legitimação *teológica*.[32]

Se olharmos para as grandes constelações religiosas derivadas do Antigo Testamento, portanto, encontramos diferentes relações com as forças secularizantes deste último. O judaísmo aparece como um enclausuramento dessas forças numa formação altamente racionalizada, mas historicamente ineficaz, quer com relação ao fator extrínseco do destino dos

---

[31] Este ponto foi muito bem colocado por Luckmann, *op. cit.*
[32] Cf. Troeltsch, *Die Soziallehren...*, *op. cit.*, bem como a discussão do luteranismo em Weber. *The Protestant Ethic and the Spirit of Capitalism*, *op. cit.*

judeus como um povo estranho no seio da cristandade, quer com relação ao fator intrínseco do impacto conservador do legalismo judaico. A esse respeito, o Islã se parece muito com o judaísmo, com a diferença óbvia de que teve sucesso em impor suas estruturas conservadoras não apenas no âmbito de uma subcultura segregada, mas sobre um império de vasta extensão geográfica.[33] O cristianismo católico, seja latino ou grego, pode ser visto como um obstáculo e um retrocesso na expansão do drama da secularização, embora tenha preservado (pelo menos no Ocidente latino) o potencial secularizante, quanto mais não seja em virtude da preservação do cânon do Antigo Testamento (decidido de uma vez para sempre, ao se rejeitar a heresia marcionita). A Reforma protestante, contudo, pode ser compreendida como uma poderosa reemergência precisamente daquelas forças secularizantes que tinham sido "contidas" pelo catolicismo, não apenas voltando ao Antigo Testamento nesse processo, mas indo decisivamente além dele. Não se pode verificar aqui até que ponto a coincidência histórica do impacto do protestantismo com o do Renascimento, com o ressurgir de diferentes forças secularizantes da Antiguidade clássica, tenha sido apenas um acidente ou um fenômeno mutuamente dependente. Tampouco podemos tentar avaliar aqui o papel do protestantismo contraposto a outros fatores, "ideais" ou "materiais", no processo de secularização dos últimos 400 anos. Tudo o que queríamos mostrar é que a resposta à pergunta: "Por que no Ocidente moderno?" (com relação ao fenômeno de secularização), deve ser buscada, pelo menos em parte, nas raízes de sua tradição religiosa.

Nos termos dos processos sociorreligiosos gerais discutidos na primeira parte deste livro, a secularização colocou uma

---

[33] Cf. Montgomery Watt, *Islam and the Integration of Society*. Evanston: Northwestern University Press, 1961, e Reuben Levy, *The Social Structure of Islam*. Cambridge: Cambridge University Press, 1962. A intrigante questão do relacionamento do Islã com a secularização não pode, é claro, ser desenvolvida aqui.

situação inteiramente nova para o homem moderno. Provavelmente pela primeira vez na história, as legitimações religiosas do mundo perderam sua plausibilidade não apenas para uns poucos intelectuais e outros indivíduos marginais, mas para amplas massas de sociedades inteiras. Isso ocasionou uma crise aguda não apenas para a nomização das grandes instituições sociais, mas também para a das biografias individuais. Em outras palavras, surgiu um problema de "significado" tanto para instituições como o Estado ou a economia, quanto para as rotinas ordinárias da vida cotidiana. O problema, é claro, tem se colocado de modo intenso para vários teóricos (filósofos, teólogos, psicólogos etc.), mas há boas razões para se crer que também tem sido bastante agudo para pessoas comuns que não são dadas a especulações teóricas e apenas procuram resolver as crises de suas próprias vidas. Mais ainda, a teodiceia cristã do sofrimento perdeu sua plausibilidade e assim abriu-se caminho para várias soteriologias secularizadas, a maioria das quais, porém, mostrou-se incapaz de legitimar os sofrimentos da vida de cada um, mesmo quando atingia alguma plausibilidade na legitimação da história. E, finalmente, o colapso das estruturas alienadas da cosmovisão cristã liberou movimentos de pensamento crítico que radicalmente desalienaram e "humanizaram" a realidade social (a perspectiva sociológica é um desses movimentos), conquista esta que frequentemente se deu ao preço de uma severa anomia e ansiedade existencial. O que tudo isso significa para a sociedade contemporânea é a principal questão para uma sociologia empírica do conhecimento. No âmbito destas nossas considerações, só podemos tratar disso tangencialmente. Voltaremos agora para a questão do significado do processo de secularização para os conteúdos religiosos tradicionais e para as instituições que os encarnam.

6
A SECULARIZAÇÃO E O PROBLEMA DA PLAUSIBILIDADE

A "crise de credibilidade" na religião é uma das formas mais evidentes do efeito da secularização para o homem comum. Dito de outro modo, a secularização acarretou um amplo colapso da plausibilidade das definições religiosas tradicionais da realidade. Essa manifestação da secularização no âmbito de consciência ("secularização subjetiva", caso se prefira) tem seu correlato no aspecto socioestrutural (como "secularização objetiva"). Subjetivamente, o homem comum não costuma ser muito seguro acerca de assuntos religiosos. Objetivamente, ele é assediado por uma vasta gama de tentativas de definição da realidade, religiosas ou não, que competem por obter sua adesão ou, pelo menos, sua atenção, embora nenhuma delas possa obrigá-lo a tanto. Em outras palavras, o fenômeno do "pluralismo" é um correlato socioestrutural de secularização da consciência. Essa relação pede uma análise sociológica.[1]

---

[1] Os principais pontos deste capítulo já foram colocados por Peter Berger e Thomas Luckmann, "Secularization and Pluralism", *International Yearbook for the Sociology of Religion* (1966), p. 73ss. Sobre a questão mais restrita do pluralismo e do ecumenismo, cf. o meu "A Market Model for the Analysis of Ecumenicity", *Social Research* (Spring, 1963), p. 77ss. Minha visão da psicologia social da religião contemporânea deve muito a Thomas Luckmann. Cf. seu *Das Problem der Religion in der modernen Gesellschaft*. Friburgo: Rombach, 1963 (versão inglesa: *The Invisible Religion*. Nova York: Macmilan, 1967).

Essa análise proporciona uma ótima oportunidade para se mostrar *in concreto* a relação dialética entre a religião e sua infraestrutura, que já tinha sido desenvolvida teoricamente. É possível analisar a secularização de tal forma que ela pareça ser um "reflexo" de processos infraestruturais concretos na sociedade moderna. Isso é bastante convincente, uma vez que a secularização parece ser um fenômeno "negativo", ou seja, ela não parece ter eficácia causal por si mesma e parece ser continuamente dependente de outros processos. Uma análise assim, porém, só continua a ser convincente se isolar-se a situação contemporânea de seu fundo histórico. A religião, sob o impacto da secularização, pode, realmente, ser analisada de modo convincente como uma "variável dependente" *hoje*. No entanto, assim que se perguntar a respeito das origens históricas da secularização, o problema se colocará em termos bem diferentes. Como tentamos mostrar, somos induzidos a considerar alguns elementos específicos da tradição religiosa da cultura ocidental precisamente como forças históricas, isto é, como "variáveis independentes".

A relação dialética entre a religião e a sociedade impossibilita assim os enfoques doutrinários quer do "idealismo", quer do "materialismo". É possível mostrar, com exemplos concretos, como "ideias" religiosas, mesmo abstrusas, levaram a mudanças empiricamente observáveis na estrutura social. Em outros exemplos, é possível mostrar como mudanças sociais empiricamente observáveis tiveram consequências no âmbito da consciência religiosa e da ideação. Somente uma compreensão dialética dessas relações evita as distorções das interpretações unilaterais "idealistas" ou "materialistas". Tal compreensão dialética insistirá no enraizamento de toda consciência, religiosa ou não, no mundo da práxis cotidiana, mas com o cuidado de não conceber esse enraizamento em termos de causalidade mecanicista.[2]

---

[2] É desta forma que as concepções marxista e weberiana da religião podem ser integradas teoricamente, pelo menos no aspecto de teoria geral (isto é, omitindo-se contradições específicas de interpretação histórica) e desde que se distinga entre Marx e o marxismo doutrinário.

Uma coisa bem diferente é o poder que a religião tem de "retroagir" sobre a infraestrutura em situações históricas específicas. Sobre isso, pode-se dizer que esse poder varia muito em diferentes situações. Assim, a religião pode aparecer como uma força formativa numa situação e como uma formação dependente na situação que se seguiu historicamente.[3] Pode-se descrever essa mudança como uma "reversão" na "direção" da eficácia causal entre a religião e suas respectivas infraestruturas. O fenômeno que estamos considerando aqui diz respeito ao caso em questão. Os desenvolvimentos religiosos originados da tradição bíblica podem ser vistos como fatores causais na formação do mundo moderno secularizado. Uma vez formado, porém, esse mundo precisamente impede que a religião continue como força formativa. Diríamos que é aqui que reside a grande ironia histórica na relação entre a religião e a secularização, ironia essa que exprimiríamos de maneira mais plástica dizendo que, historicamente, o cristianismo cavou sua própria sepultura. Analisando-se o colapso de plausibilidade que a religião sofreu na situação atual, *hic et nunc*, é lógico começar-se com a estrutura social e prosseguir até a consciência e a ideação, de preferência ao caminho inverso. Independentemente de sua justificação teórica, esse procedimento evita a cilada (para a qual observadores religiosos mostram-se particularmente propensos) de se atribuir a secularização a alguma misteriosa perda da graça espiritual ou intelectual. Mostrará, pelo contrário, o enraizamento dessa perda da graça (a expressão é útil para a descrição) em processos socioestruturais disponíveis empiricamente.

O "palco" original da secularização, como indicamos, foi a área econômica, especificamente naqueles setores da economia formados pelos processos capitalistas e industriais. Em consequência, os diferentes estratos da sociedade moderna foram

---

[3] A teoria de Weber sobre o carisma e a rotinização do carisma fornecem um modelo para esse tipo de análise diferenciada. Cf. o meu "The Sociological Study of Sectarianism", *Social Research* (*Winter*, 1954), 467ss.

atingidos pela secularização de maneira diversa, na medida de sua proximidade ou distância desses processos. Estratos altamente secularizados surgiram na proximidade desses processos. Em outras palavras, a moderna sociedade industrial produziu um setor "localizado" no centro que é algo assim como um "território livre" com relação à religião. A secularização partiu daí "para fora" na direção das outras áreas da sociedade. Uma consequência interessante disso foi uma tendência para a religião "polarizar-se" entre os setores mais público e mais privado da ordem institucional, especificamente entre as instituições do Estado e da família. Mesmo quando há ampla secularização da vida cotidiana no trabalho e nas relações que o circundam, ainda se encontram símbolos religiosos ligados às instituições do Estado e da família. Por exemplo, ao admitir-se que "a religião para no portão da fábrica", deve-se admitir também que não se começa uma guerra ou um casamento sem os símbolos religiosos tradicionais.[4]

Um modo de se colocar isso nos termos do jargão sociológico comum é dizer que houve um "intervalo cultural" entre a secularização da economia, por um lado, e a do Estado e da família, por outro. No que diz respeito ao Estado, isso significou a continuação em vários países de legitimações religiosas tradicionais da ordem política numa época em que esses países já estavam tornando-se sociedades industriais modernas. Esse foi seguramente o caso da Inglaterra, o primeiro país a embarcar nessa viagem. Por outro lado, forças políticas secularizantes trabalharam em países que ainda estavam atrasados em termos de desenvolvimento capitalista-industrial, como na França do final do século XVIII e em muitos dos países subdesenvolvidos de hoje. A relação entre a modernização socioeconômica e a

---

[4] Para uma discussão disso no caso, sociologicamente peculiar, do protestantismo americano, cf. o meu *The Noise of Solemn Assemblies*. Garden City, N. Y.: Doubleday, 1961.

* Observe o leitor que a 1ª ed. da obra é em 1985 (bem antes das transformações políticas que muitos países europeus sofreram com a queda do regime comunista), o que se estende para todo tipo de referência que implique mudança de conjuntura. [N. do R.]

secularização política, portanto, não é uma relação simples. Todavia, diríamos que há uma tendência para a secularização da ordem política que acompanha naturalmente o desenvolvimento da industrialização moderna. Especificamente, há uma tendência para a separação institucional entre Estado e religião. Depende de fatores históricos específicos às diferentes sociedades o fato de essa separação dever-se a questões de ordem prática, originalmente desvinculadas de qualquer ideologia anticlerical, como nos Estados Unidos, ou a um "laicismo" anticlerical, ou mesmo antirreligioso, como na França. A tendência global parece ser, em qualquer caso, o surgimento de um Estado livre da influência das instituições religiosas ou de fundamentos religiosos da ação política. Isso também é válido para aqueles casos "antiquados" em que a secularização política continua a revestir-se dos símbolos tradicionais da unidade político-religiosa, como na Inglaterra ou na Suécia. Na verdade, o anacronismo dos símbolos tradicionais serve apenas, nesses casos, para sublinhar a presença da secularização que se desenvolveu apesar deles.

Uma das consequências mais importantes disso é que o Estado não serve mais como uma instância coercitiva no sentido da instituição religiosa dominante. Na verdade, esse é um dos princípios básicos da doutrina política da separação entre Igreja e Estado, tanto na sua versão americana quanto na francesa (não obstante suas outras diferenças). Também o expressam de maneira igualmente forte as várias doutrinas de tolerância e liberdade religiosas, mesmo quando não são legitimadas em termos de separação entre a Igreja e o Estado, como na Inglaterra, na Alemanha ou nos países da Escandinávia. O Estado assume então um papel diante dos grupos religiosos que é uma notável reminiscência de seu papel no capitalismo do *laissez-faire*: basicamente, o de guardião imparcial da ordem entre concorrentes independentes e livres de coerção. Como veremos rapidamente, essa analogia entre a "livre empresa" religiosa e econômica está longe de ser acidental.

É claro que há diferenças na atitude específica tomada pelo Estado com relação à religião nas diferentes sociedades nacionais. Mas, se se levar em conta a semelhança básica que é a cessação da coerção, essas diferenças mostram-se de pouca importância. Assim, há diferenças óbvias entre a situação americana, em que o Estado é muito condescendente com a religião e onde os diferentes grupos religiosos gozam de isenção fiscal garantida por lei, e a situação na Europa Comunista,* onde o Estado, por suas próprias razões ideológicas, é hostil à religião tanto na teoria quanto na prática. É importante observar, porém, que ambas as situações, se comparadas com as "sociedades cristãs" tradicionais, assemelham-se uma vez que as Igrejas não podem mais convocar o braço político para reforçar suas estratégias de conversão. Em ambas as situações, as Igrejas estão "sozinhas" para conseguir a adesão voluntária de suas respectivas clientelas, embora, é claro, o Estado americano facilite os esforços delas na mesma medida em que o Estado comunista tenta atrapalhá-las. Igualmente interessante é o fracasso das tentativas de reproduzir o apoio coercitivo tradicional do Estado à religião sob condições de modernização. Espanha e Israel contemporâneos servem como exemplos interessantes dessas tentativas, sendo legítimo dizer que ambas as tentativas caminham para o fracasso. Diríamos que a única chance de sucesso para esses países consistiria na reversão do processo de modernização, o que acarretaria a volta a uma sociedade pré-industrial, objetivo esse mais próximo do impossível que qualquer outro, no reino da história.

A dinâmica atrás disso está longe de ser misteriosa. Suas raízes estão nos processos de racionalização desencadeados pela modernização (isto é, pelo estabelecimento de uma ordem socioeconômica capitalista e industrial) na sociedade e, de modo particular, nas instituições políticas.[5] O acima mencionado

---

[5] A categoria da racionalização é aplicada aqui, novamente, no sentido weberiano.

"território livre" de setores secularizados da sociedade tem uma posição tão central na economia capitalista industrial, que qualquer tentativa para "reconquistá-lo" em nome do tradicionalismo político-religioso ameaça a continuação do funcionamento desta economia. Uma sociedade industrial moderna requer a presença de amplos quadros de pessoal técnico e científico, cujo treinamento e organização social pressupõem um alto grau de racionalização, não só no aspecto de infraestrutura mas também no de consciência. Qualquer tentativa de *reconquista* tradicionalista ameaça desmantelar os fundamentos racionais da sociedade moderna. Mais ainda, o poder secularizante de racionalização capitalista industrial não só se perpetua, mas também se expande. À medida que se verifica a expansão do complexo capitalista industrial, expandem-se também as camadas sociais dominadas por seus fundamentos racionais, e cada vez mais se torna difícil estabelecer controles tradicionais sobre elas. Como a expansão desse complexo é internacional (atualmente, quase em âmbito mundial), fica cada vez mais difícil isolar determinada sociedade nacional dos efeitos racionalizantes sem mantê-la em situação de atraso econômico. O impacto dos modernos meios de comunicação e de transporte de massa (ambos exemplarmente conjugados no fenômeno do turismo) na Espanha contemporânea pode servir como ilustração. Como o Estado moderno ocupa-se cada vez mais com os requisitos políticos e legais do gigantesco mecanismo de produção industrial, ele deve dirigir sua própria estrutura e ideologia para esse fim. Com relação à estrutura, isso significa, acima de tudo, o estabelecimento de burocracias altamente racionais; em termos de ideologia, significa a manutenção de legitimações que sejam adequadas para essas burocracias. Assim, inevitavelmente, desenvolvem-se afinidades, tanto em estrutura quanto em "espírito", entre as esferas econômica e política. A secularização passa, então, da esfera econômica para a política num processo de "difusão" quase inexorável. As legitimações do Estado ou são liquidadas de uma vez, ou permanecem como ornamentos retóricos desprovidos de realidade social. Deve-se acrescentar que, no caso de um estado de industrialização avançado, parece de pouca importância, *a esse respeito*, se a racionalização de ordem política se dá sob um regime capitalista ou socialista, democrático ou autoritário. A variável decisiva para a secularização não parece ser a institucionalização desta ou daquela relação de propriedade, nem a especificidade dos diferentes sistemas constitucionais, mas o processo de racionalização que é pré-requisito para *qualquer* sociedade industrial de tipo moderno.

Embora a presença da religião no âmbito das instituições políticas modernas seja, tipicamente, um caso de retórica ideológica, não se pode dizer o mesmo acerca do "polo" oposto. Na esfera da família e das relações sociais estreitamente ligadas a ela, a religião continua a ter um potencial de "realidade" considerável, isto é, continua a ser relevante em termos de motivos e autointerpretações das pessoas nessa esfera da atividade social cotidiana. A ligação simbólica entre a religião e a família é de linhagem bem antiga, é claro, e está baseada na própria antiguidade das relações de parentesco como tais. A continuação dessa ligação pode, em alguns casos, ser vista simplesmente como uma "sobrevivência" institucional. Mais interessante, porém, é o ressurgir da legitimação religiosa da família mesmo em camadas altamente secularizadas, como, por exemplo, na classe média americana contemporânea.[6] Nesses exemplos, a religião manifesta-se em sua forma tipicamente moderna, a saber, como um complexo legitimante voluntariamente adotado por uma clientela não coagida. Como tal, localiza-se na esfera privada da vida social cotidiana e está marcada pelas características típicas dessa esfera na sociedade moderna.[7] Uma dessas características

---

[6] Sobre isso, cf. Denniscn Nash e Peter Berger. "The Child, the Family and the Religious Revival in Suburbia", *Journal for the Scientific Study of Religion* (Autumn, 1962), p. 85ss.

[7] Sobre o fenômeno geral das esferas pública e privada na sociedade moderna, cf. Arnold Gehlen. *Die Seele im technischen Zeitalter*. Hamburgo: Rowchlt, 1957; Luckmann, *op. cit*.; Juergen Habermas. *Strukturwandel der Oeffentlichkeit*. Neuwied/Rhein: Luchterhand, 1962.

essenciais é a da "individualização". Isso significa que a religião privatizada é assunto de "escolha" ou "preferência" do indivíduo ou do núcleo familiar, *ipso facto* carecendo de obrigatoriedade. Tal religiosidade privada, independentemente de quão "real" apareça para os que a adotam, não pode mais desempenhar a tarefa clássica da religião: construir um mundo comum no âmbito do qual toda a vida social recebe um significado último que obriga a todos. Ao contrário, essa religiosidade limita-se a domínios específicos da vida social que podem ser efetivamente segregados dos setores secularizados da sociedade moderna. Os valores que dizem respeito à religiosidade privada são, tipicamente, irrelevantes em contextos institucionais diferentes dos da esfera privada. Por exemplo, um homem de negócios ou um político podem aderir fielmente às normas da vida familiar legitimadas pela religião, ao mesmo tempo em que conduzem suas atividades na esfera pública sem referência alguma a valores religiosos de qualquer tido. Não é difícil ver que essa segregação da religião no âmbito da esfera privada é bastante "funcional" para a manutenção da ordem altamente racionalizada das instituições econômicas e políticas modernas. O fato de que essa privatização da tradição religiosa constitua um problema para os estudiosos das instituições que corporificam essa tradição não precisa ocupar-nos por ora.

O efeito global da "polarização" mencionada acima é muito curioso. A religião manifesta-se como retórica pública e virtude privada. Em outras palavras, na medida em que a religião é coletiva, ela deixa de ser "real"; na medida em que é "real", deixa de ser coletiva. Essa situação representa uma severa ruptura com a função tradicional da religião, que era precisamente estabelecer um conjunto integrado de definições de realidade que pudesse servir como um universo de significado comum aos membros de uma sociedade. Restringe-se assim o poder que a religião tinha de construir o mundo ao da construção de mundos parciais, universos fragmentários, cuja estrutura de plausibilidade, em alguns casos, pode não ir além do núcleo familiar. Como a família moderna é uma instituição notoriamente frágil (característica que ela compartilha com outras formações da esfera privada), isso significa que a religião, que se apoia nesse tipo de estrutura de plausibilidade, é necessariamente uma construção débil. Em termos diretos, uma "preferência religiosa" pode ser abandonada tão prontamente quanto é adotada. Esse caráter débil pode (na verdade, deve) ser mitigado pela procura de bases mais sólidas para as estruturas de plausibilidade. É o caso típico das Igrejas e outros grupos religiosos mais amplos. Pela própria natureza de seu caráter social, como associações voluntárias "localizadas" primeiramente na esfera privada, porém, essas Igrejas podem aumentar a força e a durabilidade das estruturas de plausibilidade somente até certo ponto.

    A "polarização" da religião que a secularização ocasionou e a concomitante perda do caráter coletivo e/ou de "realidade" também podem ser descritas dizendo-se que a secularização *ipso facto* conduz a uma situação de pluralismo. O termo "pluralismo", na verdade, apenas tem sido aplicado aos casos (dos quais o americano é prototípico) em que diferentes grupos religiosos são tolerados pelo Estado e mantêm competição uns com os outros. Não haveria razão para uma discussão acerca de terminologia e não há nada de errado com esse uso restrito do termo. Contudo, se atentarmos para as forças sociais que subjazem à produção desse tipo limitado de pluralismo, a ligação profunda entre secularização e pluralismo torna-se patente. Pode-se dizer, então, como vimos, que a secularização causa o fim dos monopólios das tradições religiosas e, assim, *ipso facto*, conduz a uma situação de pluralismo.

    Durante a maior parte da história humana, os estabelecimentos religiosos existiram como monopólios na sociedade, monopólios de legitimação última da vida individual e coletiva. As instituições religiosas eram, de fato, *instituições* propriamente ditas, isto é, agências reguladoras do pensamento e da ação. O mundo, tal qual definido pela instituição religiosa em questão era o mundo, mantido não apenas pelos poderes da sociedade e por seus instrumentos de controle social, mas, e mais fundamentalmente, pelo "senso comum" dos membros daquela sociedade. Sair do mundo, tal qual a religião o definia, era entrar numa escuridão caótica, na anomia, possivelmente na loucura. Isso não significa necessariamente que as instituições religiosas monopolísticas fossem tirânicas externamente na imposição de suas definições da realidade. De fato, a "tirania" religiosa, nesse sentido, foi prerrogativa, sobretudo, das tradições religiosas derivadas da órbita bíblica e, de um modo geral, está ausente das grandes religiões da Ásia Oriental. Mas o fato de que o hinduísmo, por exemplo, não tenha produzido uma Inquisição não significa que ele não tenha estabelecido um monopólio efetivo na definição da realidade e na legitimação da sociedade hindu clássica. Outras definições da realidade ou foram absorvidas pelo sistema hindu em termos sociais e ideais (tornando-se uma casta ou uma seita *dentro do* hinduísmo), ou foram colocadas em termos tais, que se tornaram religiosamente irrelevantes para os que estavam dentro do sistema (assim, todos os não hindus eram ritualmente impuros, o que permitia que suas ideias "loucas" fossem neutralizadas na consciência dos hindus como expressões naturais de sua impureza existencial). Onde havia grupos com outras definições de realidade fisicamente presentes em território do sistema, eles eram efetivamente segregados da sociedade hindu pelos mesmos tabus rituais e, assim, evitava-se que "contaminassem" o mundo definido pelo hinduísmo (os países zoroastristas são um bom exemplo). A grande crise do hinduísmo começou quando a Índia foi conquistada por estrangeiros que não podiam ser tratados dessa mesma maneira. Mas, mesmo sob o domínio muçulmano ou cristão, a sociedade hindu conseguiu, por um longo tempo, continuar a usar os métodos tradicionais para fechar-se sobre si mesma e evitar que à conquista se seguisse a desintegração interior.

Somente com a modernização da Índia, recentemente, é que foi possível observar o surgimento de um genuíno pluralismo, expresso politicamente pela definição da Índia independente como Estado secular.

No Ocidente, foi o conceito e a realidade social da cristandade que exprimiram o monopólio religioso. Ao contrário do hinduísmo, a cristandade empregou livremente a violência militar contra os infiéis, tanto externos (notadamente nas Cruzadas contra o Islã), quanto internos (como nas perseguições aos hereges e aos judeus). O caráter monopolístico da cristandade não foi afetado pelo fato de *duas* instituições, Igreja e Império, lutarem pela honra de ser sua personificação principal. As duas instituições representavam o *mesmo* mundo religioso. A luta entre elas tinha mais o caráter de um conflito intramuros do que o de um confronto com rivais externos –permitindo-se a analogia, tratava-se antes de uma disputa entre duas facções da mesma corporação, que de uma competição *entre* corporações. Da mesma forma, assim como sustentamos que a instituição peculiar da Igreja cristã trazia consigo um potencial de secularização, diríamos também que ela facilitou o estabelecimento ulterior de uma situação pluralística genuína. O potencial pluralístico realizou-se quando romperam as Guerras de Religião. Quando o início dessas guerras estabeleceu o princípio de *cuius regio eius religio*, não estabeleceu, é claro, uma situação pluralística. Pelo contrário, os protestantes eram tão violentos quanto os católicos em seus esforços para exercer um controle monopolístico sobre seus territórios. Mas, uma vez que se tinha rompido efetivamente a unidade da cristandade, iniciou-se um processo que facilitou muito futuras fragmentações e que, mais por razões práticas que por razões ideológicas, levou a uma crescente tolerância a grupos religiosos divergentes, quer entre os católicos, quer entre os protestantes. Este não é o lugar para se entrar nos detalhes históricos desse processo. Por razões históricas bem conhecidas, o processo de pluralização deu seus frutos em primeiro lugar nos Estados Unidos, resultando no estabelecimento de um sistema de denominações mutuamente tolerantes que persistiu até hoje. A denominação de tipo americano já foi definida como uma Igreja que teve de aprender a conviver com a presença permanente – e com a competição – de outras Igrejas dentro de seu próprio território.[8]

No tipo americano de denominacionalismo (o qual, ao contrário de outras instituições americanas, mostrou-se um produto de exportação com atração internacional), diferentes grupos religiosos, todos com o mesmo *status* legal, competem *uns com os outros*. O pluralismo, todavia, não se limita a esse tipo de competição intrarreligiosa. Como resultado da secularização, os grupos religiosos também são levados a competir com vários rivais não religiosos na tarefa de definir o mundo, alguns dos quais altamente organizados (como vários movimentos ideológicos revolucionários ou nacionalistas), outros muito mais difusos institucionalmente (como os sistemas de valores modernos do "individualismo" ou da emancipação sexual). Assim, não é somente em sociedades nacionais com um sistema denominacional de tipo americano que se pode falar de pluralismo, mas em qualquer lugar em que ex-monopólios religiosos são forçados a lidar na definição da realidade com rivais socialmente poderosos e legalmente tolerados. Desse modo, o catolicismo francês, por exemplo, foi levado à competição pluralista *não* pela relativamente insignificante minoria protestante, *mas* pela presença maciça de rivais não religiosos em vários estratos da sociedade (altamente organizados nos movimentos operários, difusos no "secularismo" das classes médias). Não deveria nos surpreender que, consequentemente, ideias "americanas" de liberdade religiosa e de postura socioética geral de religião organizada tenham encontrado eco em lugares que nunca desenvolveram

---

[8] Esta definição da denominação foi dada primeiramente por H. Richard Niebuhr. *The Social Sources of Denominationalism*. New York: Henry Holt and Co., 1929.

um sistema denominacional de tipo americano. Isso deve ser creditado antes à dinâmica global do pluralismo como um fenômeno enraizado na infraestrutura das sociedades modernas, que ao sucesso missionário do liberalismo protestante americano.

A característica-chave de todas as situações pluralistas, quaisquer que sejam os detalhes de seu pano de fundo histórico, é que os ex-monopólios religiosos não podem mais contar com a submissão de suas populações. A submissão é voluntária e, assim, por definição, não é segura. Resulta daí que a tradição religiosa, que antigamente podia ser imposta pela autoridade, agora tem que ser *colocada no mercado*. Ela tem que ser "vendida" para uma clientela que não está mais obrigada a "comprar". A situação pluralista é, acima de tudo, uma *situação de mercado*. Nela, as instituições religiosas tornam-se agências de mercado, e as tradições religiosas tornam-se comodidades de consumo. E, de qualquer forma, grande parte da atividade religiosa nessa situação vem a ser dominada pela lógica da economia de mercado.

Não é difícil ver que essa situação terá consequências de longo alcance para a estrutura social dos diversos grupos religiosos. O que ocorre aqui, simplesmente, é que os grupos religiosos transformam-se de monopólios em competitivas agências de mercado. Anteriormente, os grupos religiosos eram organizados como convém a uma instituição que exerce um controle exclusivo sobre uma população de dependentes. Agora, os grupos religiosos têm de se organizar de forma a conquistar uma população de consumidores em competição com outros grupos que têm o mesmo propósito. Imediatamente, a questão dos "resultados" torna-se importante. Em situação de monopólio, as estruturas sociorreligiosas não estão sob pressão para produzir "resultados" – a própria situação define previamente os "resultados". A França medieval, por exemplo, era católica por definição. A França contemporânea, porém, somente pode se definir assim em flagrante contradição com fortíssimos indícios que se lhe opõem. Na verdade, tornou-se um *pays de mission*.

Em consequência, a Igreja Católica é obrigada a levantar a questão de sua própria estrutura social, exatamente para que seja possível obter "resultados" missionários. O enfrentamento dessa questão explica, em grande medida, a confusão que o catolicismo francês atravessou em anos recentes.[9] A pressão para obter "resultados" numa situação competitiva acarreta uma racionalização das estruturas sociorreligiosas. Embora estas possam ser legitimadas pelos teólogos, os homens encarregados do bem-estar mundano dos vários grupos religiosos precisam fazer com que as estruturas permitam a execução racional da "missão" do grupo. Como em outras esferas institucionais da sociedade moderna, essa racionalização estrutural expressa-se primordialmente no fenômeno da burocracia.[10]

A expansão de estruturas burocráticas pelas instituições religiosas faz com que estas, independentemente de suas várias tradições teológicas, cada vez mais se tornem parecidas sociologicamente. A terminologia tradicional dos "sistemas de organização" normalmente ofusca este fato. Assim, certa posição A pode implicar as mesmas funções burocráticas em dois grupos religiosos diferentes, mas ela pode ser legitimada pela fórmula teológica B em um grupo e pela fórmula C no outro; e até as duas legitimações teológicas podem ser diametralmente contraditórias sem afetar a funcionalidade da posição em questão. Por exemplo, o controle sobre fundos de investimento

---

[9] Cf. H. Godin e Y. Daniel. *France, pays de mission?* Paris: Cerf, 1943. Cf. também Adrien Dansette. *Destin du catholicisme français*. Paris: Flammarion, 1957.

[10] Em vista da penetração da burocracia na vida religiosa contemporânea e do geral reconhecimento deste fato pelos que estão envolvidos nele, é de se notar a pequena atenção que lhe foi dispensada pela pesquisa em sociologia da religião, se comparada, por exemplo, com a atenção que se deu à paróquia. Uma explicação plausível para isso é o fato de que a maior parte das pesquisas tem sido patrocinada pelas próprias burocracias religiosas, cujo interesse pragmático era precisamente o cumprimento de suas metas "lá fora", e não na reflexão sobre sua própria funcionalidade. Para um dos pouquíssimos estudos da burocracia religiosa, cf. Paul Harrison. *Authority and Power in the Free Church Tradition*. Princeton: Priceton University Press, 1959. Para uma discussão de alguns aspectos econômicos dessa problemática, cf. F. Ernest Johnson e J. Emory Ackerman. *The Church as Employer, Money Raiser and Investor*. Nova York: Harper, 1959.

pode estar a cargo de um bispo, em um grupo, ou do presidente de um comitê de leigos, em outro. Em ambos os casos, porém, as atividades burocráticas efetivas necessárias a essa posição terão pouca relação (se é que teria alguma) com as legitimações tradicionais do episcopado ou da autoridade leiga. Na verdade, há diferentes modelos ou *Leitbilder* de burocracia envolvidos nesse processo. Assim, as Igrejas protestantes europeias, com longa experiência de Igreja oficial, tenderão para modelos políticos de burocracia, enquanto o protestantismo americano tende a emular as estruturas burocráticas das corporações econômicas. A administração central da Igreja Católica, por outro lado, tem sua própria tradição burocrática que, até agora, tem se mostrado altamente resistente à modernização. Mas as exigências de racionalidade são muito semelhantes em todos esses casos e exercem forte pressão nas respectivas estruturas sociorreligiosas.

A situação contemporânea da religião caracteriza-se, portanto, por uma progressiva burocratização das instituições religiosas. Esse processo deixa marcas quer nas relações sociais externas, quer nas internas. Com relação a estas, as instituições religiosas são administradas burocraticamente, e suas operações cotidianas são dominadas pelos problemas típicos e pela "lógica" da burocracia. Externamente, as instituições religiosas relacionam-se com outras instituições sociais, umas com as outras, através das formas típicas da interação burocrática. "Relações públicas" com a clientela consumidora, "lobbying" com o governo, "levantamento de fundos" em agências privadas e governamentais, envolvimentos multifacetados com a economia secular (particularmente por meio de investimentos) – em todos esses aspectos de sua "missão", as instituições religiosas são compelidas a buscar "resultados" por métodos que são, necessariamente, muito semelhantes aos empregados por outras estruturas burocráticas com problemas similares. A mesma "lógica" burocrática aplica-se às relações das várias instituições religiosas entre si.

Burocracias exigem tipos específicos de pessoal. Esse pessoal é específico, não apenas em termos de suas funções e habilidades necessárias, mas também em termos de suas características psicológicas. As instituições burocráticas *selecionam* e *formam* os tipos de pessoal de que elas necessitam para operar.[11] Isso significa que tipos semelhantes de liderança emergem nas diversas instituições religiosas, independentemente dos padrões tradicionais nessa questão. As exigências da burocracia anulam as diferenciações tradicionais das lideranças religiosas entre "profeta" e "sacerdote", "estudioso" e "santo" e assim por diante. Assim, não importa muito se certo funcionário burocrático veio da tradição protestante de ministério profético" ou da tradição católica de ministério "sacerdotal" – em qualquer um dos casos, ele tem de, acima de tudo, adaptar-se às exigências do papel burocrático. Onde for possível, as fórmulas tradicionais serão mantidas para legitimar os novos tipos sociopsicológicos; onde isso não é mais possível, elas terão de ser modificadas para permitir essa legitimação. Por exemplo, a erudição teológica ocupava tradicionalmente um lugar central na função do ministro protestante; cada vez mais ela tem se tornado irrelevante para as funções de ministério, tanto no "atacado" (administração burocrática), quanto no "varejo" (vendagem local); as instituições educacionais protestantes para o ministério foram modificadas de acordo com isso, como também o foram os seus fundamentos lógicos legitimantes.[12] O tipo sociopsicológico que emerge na liderança das instituições religiosas burocratizadas é, naturalmente, semelhante à personalidade burocrática em outros contextos institucionais: ativista, pragmático, alheio a qualquer reflexão administrativamente irrelevante, hábil em relações interpessoais, "dinâmico" e conservador ao mesmo

---

[11] Cf. Hans Gerth e C. Wright. *Character and Social Structure*. Nova York: Harcodert Brace, 1953, especialmente p. 165ss.

[12] Cf. o meu "Religious Establishment and Theological Education", Theo- logy Today (Julho 1962), 17ss.

tempo etc. Os indivíduos que se identificam com esse tipo nas diferentes instituições religiosas falam a mesma língua e, naturalmente, entendem-se mutuamente. Em outras palavras, a burocratização das instituições religiosas estabelece um fundamento sociopsicológico para o "ecumenismo" – que vemos como um fato importante para ser entendido.

O "ecumenismo", porém, no sentido de uma colaboração amigável cada vez mais estreita entre os diferentes grupos envolvidos no mercado religioso, é exigido pela situação pluralista como um todo e não apenas pelas afinidades sociopsicológicas do pessoal burocrático-religioso. Essas afinidades asseguram, pelo menos, que os rivais religiosos são vistos não tanto como "o inimigo", mas como companheiros com problemas semelhantes. Isso, obviamente, torna a colaboração mais fácil. Mas a necessidade de colaboração deve-se à necessidade de se racionalizar a própria competição na situação pluralista. O mercado competitivo estabeleceu-se no momento em que se tornou impossível a utilização da máquina política da sociedade para a eliminação dos rivais religiosos. As forças desse mercado tendem, então, para um sistema de livre competição muito semelhante ao do capitalismo do *laissez-faire*. Um sistema assim, porém, requer uma racionalização posterior ao longo do seu desenvolvimento. A livre competição entre as diferentes agências de mercado, sem nenhuma restrição imposta de fora ou com a qual as próprias agências concordem, torna-se irracional até o ponto em que o custo dessa competição começa a comprometer os ganhos a serem obtidos dela. Esse custo pode, em primeiro lugar, ser político ou de "prestígio público". Assim, pode ser mais fácil obter favores de um governo neutro se as diferentes Igrejas agirem em conjunto do que se elas tentarem uma concorrência desleal. Também uma competição muito selvagem pela adesão do consumidor pode ser autodestrutiva, uma vez que pode ter o efeito de afastar em conjunto várias classes de "fregueses" potenciais do mercado religioso. Mas uma competição sem entraves também tende a tornar-se irracional, isto é, muito cara, em termos puramente econômicos. Colocar no mercado qualquer bem de consumo, material ou não, para um público de massa moderno é uma operação extremamente cara e complexa. Assim, qualquer empreendimento novo, por parte das Igrejas (particularmente o que é chamado de "expandir a Igreja" nos Estados Unidos) requer o emprego de um capital substancial. Os burocratas encarregados dessas operações têm de calcular racionalmente, o que os força a reduzir os riscos tanto quanto possível. O treinamento do pessoal religioso, a construção e manutenção de edifícios religiosos, a produção de material promocional, as despesas crescentes da administração burocrática – tudo isso requer largas somas de dinheiro que devem ser usadas racionalmente pelos burocratas religiosos. A responsabilidade destes pode crescer até o ponto em que o suprimento de fundos para esses fins adquira o caráter de urgência. Isso pode acontecer em virtude do caráter incerto das fontes de renda: as "doações" de clientes e/ou de agências governamentais são de difícil previsão e, assim, introduzem elementos de risco nos cálculos. Ou pode ser causado pela inflação na economia como um todo, o que faz com que todos os gastos tornem-se empreendimentos mais arriscados (elemento importante em todos os programas de "expansão da Igreja" nos Estados Unidos). Um modo óbvio de se reduzir os riscos é chegar a várias formas de entendimento com os concorrentes – "fixar os preços" – isto é, racionalizar a competição por meio da cartelização.

Um ótimo exemplo do que isso significa é o desenvolvimento da "cortesia" no protestantismo americano.[13] O termo (agora caído em desuso) refere-se aos acordos entre as diferentes denominações com relação aos territórios a serem alocados a seus respectivos programas de "expansão". Esta alocação (expressa

---

[13] Cf. Robert Lee. *The Social Sources of Church Unity*. Nova York: Abingdon, 1960. Lee descreve tudo isso muito bem, mas com pouco conhecimento das forças socioeconômicas subjacentes.

atualmente por uma terminologia burocrática mais explícita, largamente derivada do campo do planejamento comunitário) é racionalizada em alto grau e envolve em sua rotina o uso de dados estatísticos, projeções demográficas e patrimoniais, bem como de estudos desenvolvidos pelos departamentos de pesquisa das próprias burocracias denominacionais. Assim, não é apenas como resultado de negociações políticas, mas na base de informações objetivas altamente racionais que se toma a decisão de alocar um território (por exemplo, uma nova região suburbana) a determinada denominação. O crescimento de agências interdenominacionais no protestantismo americano, tanto no âmbito local quanto no regional (isto é, o assim chamado movimento "conciliar"), está diretamente relacionado com essas necessidades burocráticas e (retórica à parte) a maior porção de suas atividades continua a ser montada em função delas. Qualquer mudança drástica nesse padrão levaria inevitavelmente a sérios distúrbios na economia de muitas denominações.

A cartelização, aqui como em qualquer situação competitiva de mercado, tem duas facetas: o número de unidades concorrentes é reduzido através de incorporações; e as unidades remanescentes organizam o mercado por meio de acordos mútuos. O "ecumenismo", na situação contemporânea, é caracterizado por essas duas facetas. De qualquer forma, no que toca ao protestantismo, tem havido incorporações de Igrejas num ritmo crescente, e negociações com vistas a futuras incorporações têm continuado. Tanto dentro quanto fora do protestantismo, tem havido cada vez mais consultas e colaboração entre os grandes corpos que "sobreviveram" ao processo de incorporação. É importante ver que esse processo de cartelização *não* tende ao restabelecimento de uma situação de monopólio – em outras palavras, é muito improvável que a noção de uma eventual "Igreja mundial" seja realizada empiricamente. Pelo contrário, a tendência é claramente oligopolista, com incorporações somente até o ponto em que são funcionais em termos de racionalizar a concorrência. Ir além desse ponto, independentemente da tensão que isso acarretaria para as legitimações teológicas, seria irracional em termos dos interesses institucionais das várias burocracias religiosas. Nem é facilmente imaginável que isso seria aceitável pelos consumidores (os quais, ironicamente, são frequentemente mais tradicionais em sua lealdade às denominações do que pensam os burocratas religiosos).

A situação pluralista, portanto, implica uma rede de estruturas burocráticas engajadas em negociações racionais com o conjunto da sociedade umas com as outras. A situação pluralista, na medida em que tende à cartelização, tende ao "ecumenismo" em sua dinâmica social, política e econômica. As aspas deveriam indicar que essa tendência não precisa ser relacionada *a priori* a nenhuma concepção teológica particular sobre o termo. De qualquer maneira, é muito provável que algo como o atual movimento ecumênico surgisse da situação pluralista, mesmo que não ocorressem os desenvolvimentos teológicos específicos que se usam para legitimá-lo. Na verdade, parece plausível, para o sociólogo, pelo menos, encarar os desenvolvimentos teológicos como consequências, e não como causas da infraestrutura pluralista, sem com isso negar a capacidade de eles "retroagirem" sobre a infraestrutura. Não é preciso dizer, é claro, que encarar o assunto dessa maneira não invalida a sinceridade dos motivos teológicos de ninguém envolvido no movimento ecumênico. "Teorias conspiratórias" raramente são convincentes, quando se trata de um fenômeno social em larga escala, mas são especialmente insatisfatórias, quando o fenômeno tem um caráter religioso.

Os efeitos da situação pluralista não se limitam aos aspectos socioestruturais da religião. Eles atingem também os conteúdos religiosos, isto é, o produto das agências religiosas de mercado. Não deveria ser difícil ver por que isso ocorre, em vista da discussão anterior acerca de mudanças estruturais. Enquanto as instituições religiosas ocuparam uma posição de monopólio na sociedade, seus conteúdos podiam ser determinados de acordo com qualquer saber teológico que parecesse plausível e/ou conveniente para a liderança religiosa. Isso não quer dizer, é claro, que a liderança e suas decisões teológicas estivessem imunes a forças provenientes da sociedade, por exemplo, os centros de poder desta última. A religião sempre foi suscetível a influências altamente mundanas, atingindo até suas construções teóricas mais rarefeitas. A situação pluralista, todavia, introduz uma forma nova de influências mundanas, provavelmente mais poderosa para modificar conteúdos religiosos do que as antigas formas, como os desejos de reis ou os capitais investidos de classes: a dinâmica da preferência do consumidor.

Repetindo, a característica social e sociopsicológica crucial da situação pluralista é que a religião não pode mais ser imposta, mas tem de ser posta no mercado. É impossível, quase *a priori*, colocar no mercado um bem de consumo para uma população de consumidores, sem levar em conta os desejos destes em relação ao bem de consumo em questão. Sem dúvida, as instituições religiosas ainda podem contar com laços tradicionais que refreiam certos grupos da população com relação a uma liberdade muito drástica de escolha religiosa – em termos de mercado, ainda há forte "lealdade ao produto" entre certos grupos de "velhos fregueses". Mais ainda, as instituições religiosas podem, até certo ponto, evitar descontentamentos entre esses grupos por meio de suas próprias atividades promocionais. De qualquer modo, a necessidade básica de assumir uma postura de solicitação diante de um público significa que se introduziu o controle do consumidor sobre o produto a ser comercializado.

Isso significa, mais ainda, que se introduziu um elemento dinâmico na situação, um princípio de mutabilidade, se não de mudança, inimigo visceral do tradicionalismo religioso. Em outras palavras, nesta situação torna-se cada vez mais difícil manter as tradições religiosas como verdades imutáveis. Pelo contrário, introduz-se a dinâmica da preferência do consumidor na esfera religiosa. Os conteúdos religiosos tornam-se sujeitos à "moda". Isso não implica necessariamente que haja mudanças rápidas ou que o princípio da imutabilidade cairá na teologia, mas que a possibilidade de mudança se introduza na situação de uma vez por todas. Mais cedo ou mais tarde, é provável que a *possibilidade* se concretize e de que venha eventualmente a legitimar-se como teoria teológica. Isso é obviamente mais fácil para uns grupos que para outros (por exemplo, mais fácil para os protestantes que para os católicos), mas nenhum grupo pode subtrair-se completamente a esse efeito.

A dinâmica de preferência do consumidor não determina, em si mesma, os conteúdos substantivos; ela postula simplesmente que, em princípio, eles são suscetíveis de mudança, sem determinar a direção da mudança. Todavia, há outros fatores na situação contemporânea que têm uma influência substantiva no caráter dessa mudança. Uma vez que o mundo dos consumidores em questão for secularizado, suas preferências refletirão isso. Isto é, eles preferirão produtos religiosos que podem se coadunar com a consciência secularizada aos que não podem. Isso vai variar, é claro, conforme as camadas que servem como clientelas para as diferentes instituições religiosas. A demanda do consumidor nos subúrbios de classe média alta nos Estados Unidos, por exemplo, é diferente da demanda no Sul rural. Dada a variabilidade no grau de secularização das diferentes camadas, variará a influência secularizadora dessas camadas enquanto consumidoras de bens religiosos. Mas, como a secularização é uma tendência global, os conteúdos religiosos tendem de um modo geral a modificar-se numa direção secularizante. Em casos extremos (como no protestantismo liberal e no judaísmo), isso pode levar à exclusão deliberada de todos ou quase todos os elementos "sobrenaturais" da tradição religiosa, e à legitimação da existência da instituição, que antes corporificava a tradição, em termos puramente seculares. Em outros casos, pode significar apenas que não se enfatizam os elementos "sobrenaturais" ou que eles são colocados num segundo plano, enquanto a instituição é "vendida" sob o rótulo de valores aceitáveis pela consciência secularizada. Por exemplo, a Igreja Católica está obviamente menos pronta para "demitologizar" seus conteúdos do que a maior parte de seus concorrentes protestantes, mas *tanto* o catolicismo tradicional *quanto* o protestantismo "progressista" podem efetivamente ser apregoados como fortalecedores de fibra moral da nação ou como fornecedores de vários benefícios psicológicos ("paz de espírito" e coisas semelhantes).

Outra influência substantiva vem do "lugar" institucional da religião na sociedade contemporânea. Já que a "relevância" socialmente significativa da religião situa-se primordialmente na esfera privada, a preferência do consumidor reflete as "necessidades" dessa esfera. Isso significa que a religião pode ser comercializada mais facilmente se for possível mostrar que ela é mais "relevante" para a vida privada, do que se for enfatizado que ela tem aplicações específicas às grandes instituições públicas. Isso é particularmente importante para as funções moral e terapêutica da religião. Daí resulta que as instituições religiosas tenham se acomodado às "necessidades", moral e terapêutica, do indivíduo em sua vida privada. Pode-se ver isso na proeminência dada aos problemas privados na atividade e na promoção das instituições religiosas contemporâneas: a ênfase na família e na vizinhança assim como nas "necessidades" psicológicas do indivíduo. É nessas áreas que a religião continua a ser "relevante", mesmo em camadas altamente secularizadas, enquanto a aplicação de perspectivas religiosas aos problemas políticos e econômicos é amplamente considerada "irrelevante" nessas mesmas camadas. Isso ajuda a explicar por que as Igrejas têm tido relativamente pouca influência nas opiniões econômicas e políticas de seus próprios membros, embora continuem a ser estimadas pelos últimos em sua existência como indivíduos particulares.

A situação pluralista coincidiu – e isso não é de surpreender – com uma nova ênfase no laicato nas instituições religiosas.

A "era do laicato", como foi definida por vários teólogos, baseia-se no caráter desse laicato como uma população de consumidores. Em outras palavras, as proposições teológicas sobre o papel do laicato podem ser entendidas como legitimações *post hoc* dos desenvolvimentos enraizados na infraestrutura do mercado religioso contemporâneo. Novamente, foi mais fácil modificar nessa direção algumas tradições religiosas que outras. Assim, os protestantes na tradição da Igreja livre puderam legitimar a dominação da demanda do consumidor em termos de veneráveis proposições teológicas (a despeito do fato, é claro, de que essas proposições originalmente se referissem a uma situação completamente diferente – o concílio puritano, por exemplo, dificilmente se referiria a uma cooperativa de consumidores). É mais interessante ainda ver como essa mesma "redescoberta do laicato" tem acontecido em tradições religiosas desprovidas dessas legitimações, como acontece mesmo com o catolicismo.[14]

Outros dois efeitos do controle do consumidor sobre os conteúdos religiosos são a padronização e a diferenciação marginal, reproduções, uma vez mais, da dinâmica geral de um mercado livre. Na medida em que as "necessidades" religiosas de certas camadas de clientes, ou de clientes potenciais, são semelhantes, as instituições religiosas, ao atender a essas "necessidades", tenderão a padronizar seus produtos de acordo com elas. Por exemplo, todas as instituições religiosas orientadas para o mercado da classe média alta nos Estados Unidos serão pressionadas a secularizar e a psicologizar seus produtos; caso contrário, as chances de estes serem "comprados" diminuem drasticamente. Assim, mesmo o padre católico preferirá um "colóquio" com algum psiquiatra acerca de "religião e saúde mental", a falar sobre Fátima. Seus colegas judeus e protestantes há muito tempo já legitimaram suas atividades como um

---

[14] Cf. Yves Congar. *Jalons pour une théologie du laicat*. Paris: Cerf, 1953, que marca uma mudança decisiva no pensamento católico sobre o assunto.

tipo de psicoterapia familiar. Essa padronização dos conteúdos religiosos, desenvolvida pela pressão do consumidor, tende a dar pouca ênfase às divisões confessionais tradicionais. Daí resulta que se facilita a cartelização pedida pelos traços estruturais da situação pluralista. O grupo A pode fundir-se ou "fixar preços" com o grupo B simplesmente como um resultado dos problemas pragmáticos enfrentados pelas duas burocracias em questão, mas essa operação torna-se mais fácil quando, na verdade, os conteúdos A e B tiverem se aproximado tanto, a ponto de não poderem mais distinguir-se.

A situação pluralista, porém, engendrou não apenas a "era do ecumenismo" mas também, em aparente contradição com esta, a "era das redescobertas das heranças confessionais". Isso tem sido frequentemente observado e considerado como simplesmente alguma forma de "movimento compensatório", bem-visto ou deplorado, conforme o caso.[15] É importante ver, diríamos, que a ênfase renovada nas identidades das denominações (especificamente, as identidades que sobreviveram ao processo de cartelização) é, na verdade, parte do próprio processo de racionalização da concorrência. O "movimento compensatório" é ocasionado pela necessidade de diferenciação marginal numa situação global de padronização. Em termos simples, se o grupo A decide *não* se fundir com o grupo B, a despeito do fato de que seus produtos tenham se tornado altamente padronizados, algo deve ser feito para que os consumidores possam distinguir entre os dois produtos e optar por um deles. Enfatizar a "herança confessional" é uma maneira óbvia de se fazer isso. Pode acontecer que, na verdade, venha a ocorrer uma interrupção ou uma reversão do processo de padronização. Pode acontecer também (e talvez isso seja mais frequente) que a diferenciação torne-se apenas uma questão de "embalagem": dentro da embalagem nova há ainda o mesmo velho produto padronizado. Em qualquer

---

[15] Cf. Lee, *op. cit.*, p. 188ss.

caso, é provável que a diferenciação marginal acompanhará a necessidade de dinâmica da demanda do consumidor em cada mercado específico. Isso há de variar, então, não tanto de acordo com as tradições confessionais específicas, mas, sobretudo, de acordo com as variações das "necessidades" do consumidor, em termos de estratificação social geral. A "redescoberta das heranças confessionais", portanto, não deve ser descrita como um "movimento compensatório" do "ecumenismo", mas como correlativo estrutural deste. Nesses termos, a diferenciação de produtos religiosos terá um correlato sociopsicológico. Isto é, na medida em que o grupo A assumiu um "perfil" em termos de tradição "redescoberta", os representantes do grupo A terão de definir-se na linha desta tradição, ao se defrontarem com representantes dos outros grupos. Isso explica a dinâmica de identificação e autoidentificação no "quem é quem" do ecumenismo contemporâneo. Por definição, todos os que dele participam têm de ser alguma coisa; todas as pressões sociopsicológicas da situação compele-os a assumir o que se espera que eles sejam: um representante de sua própria tradição religiosa.

Está claro que tudo isso cria sérios problemas para os teóricos das diversas instituições religiosas, isto é, cria um problema de legitimação teológica. Trataremos deste assunto mais de perto no próximo capítulo. Mas há um processo sociopsicológico subjacente que precisa ser entendido: uma mudança na "localização" da religião na consciência.[16]

Como vimos bem acima, a objetividade (isto é, a realidade objetiva) dos mundos religiosos é construída e mantida através de processos sociais empiricamente observáveis. Determinado mundo religioso apresentar-se-á à consciência como realidade na

---

[16] A discussão seguinte baseia-se na teoria geral de Gehlen sobre a "subjetivação" moderna, desenvolvida particularmente no já citado *Die Seele im technischen Zeitalter*. Para a aplicação desta abordagem à sociologia da religião contemporânea, cf. Helmut Schelsky, "Ist die Dauerreflektion institutionalisierbar?". *Zeitschrift fuer evangelische Ethik*, 1957: 4, e Luckmann, *op. cit*. Para um estudo empírico da "religião de opinião", cf. Hans-Otto Woelher. *Religion ohne Entscheidung*. Goettingen: Vandenhoeck & Ruprecht, 1959.

medida em que sua própria estrutura de plausibilidade continuar existindo. Se a estrutura de plausibilidade for sólida e durável, o mundo religioso por ela mantido será real na consciência de forma sólida e durável. No caso mais favorável, o mundo religioso será considerado evidente. Todavia, se se enfraquecer a estrutura de plausibilidade, o mesmo acontecerá à realidade subjetiva do mundo religioso em questão. Surge a dúvida. O que antes era considerado como uma realidade evidente em si mesma será atingido agora por um esforço deliberado, um ato de "fé", que, por definição, terá de superar dúvidas que continuam escondidas por trás da cena. Num momento posterior de desintegração da estrutura de plausibilidade, os velhos conteúdos religiosos só se mantêm na consciência como "opiniões" ou "sentimentos" – ou, como se diz nos Estados Unidos, como uma "preferência religiosa". Isso acarreta uma mudança na "localização" desses conteúdos na consciência. É como se eles "passassem" dos níveis de consciência que contêm "verdades" fundamentais, com as quais pelo menos todos os homens "sãos" concordarão, para os níveis em que se admitem vários pontos de vista subjetivos. As pessoas inteligentes prontamente discordam desses pontos de vista e acerca deles nunca se está completamente seguro.

É amplamente reconhecido que algo desta ordem tem acontecido à religião na consciência contemporânea. Na verdade, o período contemporâneo é amplamente designado como uma "era de ceticismo". O que não se tem reconhecido, porém, é que este fato não se deve a uma misteriosa metamorfose da consciência em e por si mesma, mas deve ser explicado em termos de desenvolvimentos sociais observáveis empiricamente. Isso quer dizer que a situação pluralista acima descrita *ipso facto* mergulha a religião numa crise de credibilidade.

Ela o faz, acima de tudo, em virtude de sua ligação com a secularização. Como vimos, os dois processos globais da secularização e do pluralismo estão estreitamente ligados. Todavia, haveria também uma crise de credibilidade trazida pelo pluralismo como um fenômeno *socioestrutural*, independente de suas ligações com os veículos da secularização. A situação pluralista, ao acabar com o monopólio religioso, faz com que fique cada vez mais difícil manter ou construir novamente estruturas de plausibilidade viáveis para a religião. As estruturas de plausibilidade perdem solidez porque não podem mais apresentar a sociedade como um todo para servir ao propósito da confirmação social. Em termos simples, sempre há "todos os outros" que se recusam a confirmar o mundo religioso em questão. Torna-se cada vez mais difícil para os "habitantes" de um dado religioso permanecer *entre nous* na sociedade contemporânea. Os outros, que questionam a validade de um mundo (e não só apenas indivíduos, mas camadas inteiras), não podem mais ser mantidos afastados. Mais ainda, as estruturas de plausibilidade perdem a aparência de durabilidade como resultado da dinâmica da cultura de consumo acima mencionada. Como os conteúdos religiosos tornaram-se suscetíveis à "moda", torna-se cada vez mais difícil mantê-los como verdades imutáveis. Esses processos, repetindo, não podem ser entendidos se forem encarados apenas como fenômenos de consciência; devem ser entendidos como processos baseados na infraestrutura específica estabelecida pela sociedade industrial moderna. Pode-se dizer, sem muito exagero, que os dados econômicos acerca da produtividade industrial ou da expansão do capital podem prever a crise de credibilidade religiosa em determinada sociedade mais facilmente que dados derivados da "história das ideias" daquela sociedade.

    A situação pluralista multiplica o número de estruturas de plausibilidade concorrentes. *Ipso jacto*, relativiza seus conteúdos religiosos. Mais especificamente, os conteúdos religiosos são "desobjetivados", isto é, são desprovidos de seu *status* como realidade objetiva e evidente na consciência. Tornam-se "subjetivados" num duplo sentido: sua "realidade" torna-se um assunto "privado" dos indivíduos, isto é, perde a qualidade de plausibilidade intersubjetiva evidente por si mesma ("não se pode mais conversar" sobre religião, portanto); por outro lado, na medida em que ela ainda é mantida pelo indivíduo, ela é apreendida como sendo enraizada na consciência deste e não em facticidades do mundo exterior – a religião não se refere mais ao cosmos ou à história, mas à *Existenz* individual ou à psicologia.

Teoricamente, este fenômeno serve para explicar a ligação, bastante comum, da teologia com o instrumental teórico do existencialismo e do psicologismo. Esses instrumentos teóricos são, realmente, "empiricamente adequados", pois refletem acuradamente o "lugar" da religião na consciência contemporânea, por eles legitimado no âmbito teórico. É importante entender que essas legitimações se baseiam em fenômenos de consciência pré-teóricos, que se baseiam, por sua vez, na infraestrutura da sociedade contemporânea. O indivíduo, na verdade, "descobre" a religião na sua própria consciência subjetiva, em algum lugar "no fundo" de si mesmo – o teórico freudiano ou existencialista apenas explica essa "descoberta" no âmbito teórico. Mais uma vez, diríamos, podemos prever estes fenômenos com mais precisão por meio de dados econômicos do que por meio de quaisquer "dados" das atividades do "inconsciente", por exemplo. Na verdade, a emergência do próprio "inconsciente" pode ser analisada em termos dos desenvolvimentos estruturais específicos da sociedade industrial moderna.[17]

Nesse sentido, o fim dos monopólios religiosos é um processo socioestrutural e sociopsicológico. A religião não legitima mais "o mundo". Na verdade, os diferentes grupos religiosos procuram, por diversos meios, manter seus mundos parciais em face da pluralidade de mundos parciais concorrentes. Concomitantemente, a pluralidade de legitimações religiosas é interiorizada na consciência como uma pluralidade de possibilidades entre as quais se pode escolher. *Ipso facto*, cada escolha particular é

---

[17] Cf. o meu "Towards a Sociological Understanding of Psychoanalysis". *Social Research* (*Spring*, 1965), 26ss.

relativizada e não é absolutamente segura. Qualquer certeza deve ser buscada na consciência subjetiva do indivíduo, uma vez que não pode mais derivar-se do mundo exterior, partilhado socialmente e tido por evidente. Essa "busca" pode ser legitimada depois como uma "descoberta" de dados existenciais ou psicológicos. As tradições religiosas perderam seu caráter de símbolos abrangentes para toda a sociedade, que deve procurar seu simbolismo unificador em outra parte. Aqueles que continuam a aderir ao mundo tal qual definido pelas tradições religiosas encontram-se, então, numa posição de minoria cognitiva, um *status* que apresenta problemas teóricos e sociopsicológicos.

A situação pluralista oferece às instituições religiosas duas opções ideais típicas. Elas podem ou acomodar-se à situação, fazer o jugo pluralista da livre empresa religiosa e resolver da melhor forma possível o problema da plausibilidade, modificando seu produto de acordo com a demanda do consumidor; ou recusar-se a se acomodar, a entrincheirar-se atrás de quaisquer estruturas sociorreligiosas que possam manter ou construir, e continuar a professar as velhas objetividades tanto quanto possível, como se nada tivesse acontecido. Obviamente, há várias possibilidades intermediárias entre essas duas opções, com vários graus de acomodação e intransigência. As duas opções apresentam problemas no âmbito da teoria e no da "engenharia social". Esses problemas, juntos, constituem a "crise da teologia" e a "crise da Igreja" na sociedade contemporânea. Veremos esses problemas.

7
A SECULARIZAÇÃO
E O PROBLEMA DA LEGITIMAÇÃO

Nas páginas anteriores, já dissemos o bastante para que fique claro que a nossa abordagem não é nem "idealista", nem "materialista", ao encarar a relação entre teoria e práxis nos fenômenos religiosos. Na verdade, ao se analisar determinada situação histórica da religião, é em grande parte questão de conveniência (mais exatamente, uma questão de objetivo cognitivo específico da pesquisa) saber por qual das duas esferas se deve começar. Dependendo do ponto de partida, pode-se mostrar como dada constelação teórica é o resultado de certa infraestrutura prática ou, em sentido contrário, como dada estrutura social é o resultado de determinados movimentos no reino das ideias. Assim, nas análises anteriores, é igualmente possível dizer que o pluralismo produz a secularização ou que a secularização produz o pluralismo. Isso não se deve, arriscamos dizer, a nenhuma incúria no pensamento ou ambiguidade nos termos, mas à dialética intrínseca aos fenômenos em consideração e aos fenômenos sócio-históricos em geral. Se concluímos nosso raciocínio com uma vista d'olhos em alguns elementos de teoria da religião, não queremos com isso dizer *nem* que esses elementos "nada mais são" senão os efeitos dos processos socioestruturais anteriormente analisados, *nem* que eles podem ser vistos afinal como as forças "reais" ou "subjacentes" à situação. Acontece, simplesmente, que se trata de um ponto conveniente para encerrarmos nosso raciocínio.

A "crise da teologia" na situação religiosa contemporânea baseia-se numa crise de plausibilidade que precede qualquer teoria. Isto é, a plausibilidade das definições religiosas tradicionais da realidade é posta em questão por pessoas comuns sem nenhum conhecimento ou mesmo interesse por teologia. Tentamos mostrar, no capítulo precedente, que essa crise da religião, no aspecto do senso comum, não se deve a nenhuma metamorfose misteriosa da consciência, mas pode ser explicada em termos de desenvolvimentos empiricamente observáveis nas estruturas sociais e na psicologia social das sociedades modernas. Como vimos, o problema fundamental das instituições religiosas é como sobreviver num meio que já não considera evidentes as suas definições da realidade. Mostramos também que as duas opções básicas que se abrem a elas são a acomodação ou a resistência ao impacto maciço desse meio. Ficará claro que as duas opções apresentam dificuldades práticas e teóricas. Tanto no aspecto prático quanto no teórico, a dificuldade de opção pela acomodação está em se saber "até que ponto deve-se ir"; a da opção pela resistência está em se saber "qual a força das defesas". As dificuldades práticas têm de ser sanadas por meio da "engenharia social": reorganizando a instituição para torná-la "mais relevante" para o mundo moderno (na postura de acomodação); mantendo ou renovando a instituição para servir como estrutura de plausibilidade viável para definições da realidade não confirmadas pela sociedade (na atitude de resistência). Ambas as opções, é claro, devem ser legitimadas teoricamente. É precisamente nessa legitimação que se enraíza a "crise da teologia".

Na medida em que a secularização e o pluralismo são atualmente fenômenos de âmbito mundial, também a crise da teologia adquire essa amplitude, não obstante – é claro – a grande diferença de conteúdos religiosos a serem legitimados. Na verdade, tem sentido incluir na mesma crise global as dificuldades encontradas pelos legitimadores de cosmovisões não religiosas, especialmente a do marxismo dogmático. De um modo bastante real, porém, o caso protestante é prototípico, podendo-se mesmo dizer que possivelmente todas as outras tradições religiosas na situação moderna podem estar predestinadas a atravessar variantes da experiência protestante. A razão desse caráter prototípico do protestantismo está na relação peculiar que ele tem com a origem e as características internas do mundo moderno, assunto que já discutimos. Nas próximas páginas, concentrar-nos-emos na expansão da "crise da teologia" no protestantismo, embora nosso interesse esteja num fenômeno muito mais amplo. Se o drama da era moderna é o declínio da religião, pode-se descrever o protestantismo como seu ensaio geral.

Como é bem sabido, o primitivo protestantismo era tão fechado quanto o catolicismo no que respeita a concessões ao pensamento secularizante ou às limitações de uma situação pluralista.[1] Todos os três ramos principais da Reforma – o luterano, o anglicano e o calvinista – tentaram estabelecer fac-símiles da cristandade em seus respectivos territórios. Pode-se argumentar que lhes faltava plausibilidade em comparação com o modelo medieval, simplesmente como resultado de seu pequeno tamanho e do confronto contínuo com definições contraditórias da situação. Mas levou um bom tempo até que essa perda de realidade começou a refletir-se no aspecto de legitimação teológica. As ortodoxias luterana, anglicana e calvinista mantiveram-se em estruturas de plausibilidade tão fechadas quanto as

---

[1] Sobre o desenvolvimento geral da teologia protestante, as obras clássicas sobre história do dogma de Albrecht Ritschl e Adolf von Harnack continuam a ser essenciais. Sobre a época posterior a Schleiermacher, cf. H. R. Mackintosh. *Types of Modern Theology*. Londres: Collins, 1937; Karl Barth. *Die protestantische Theologie im 19 jahrhundert* (1947); Horst Stephan e Martin Schmidt. *Geschichte der deutschen evangelischen Theologie*. Berlim: s.ed., 1960.

contingências da situação permitiam – frequentemente por meio de métodos tão repressivos quanto os usados pelos católicos. No âmbito da teoria teológica, a ortodoxia protestante sofreu dois choques severos antes do século XIX. Um foi o choque do pietismo, que tomou formas diversas nos três maiores grupos protestantes: pietismo propriamente dito no luteranismo, o movimento metodista na Igreja da Inglaterra e uma série de movimentos de revitalização no campo calvinista (como o primeiro Grande Despertar na Nova Inglaterra no tempo de Jonathan Edwards). O pietismo foi um choque para a ortodoxia protestante porque "dissolvia" as estruturas dogmáticas deste em várias formas de emocionalismo. Era, portanto, desobjetivante ou "subjetivante" (no sentido explicado no último capítulo), como se pode ver muito bem na noção de Wesley acerca do "coração aquecido". Isso acarreta dois tipos de subjetivação: a emoção subjetiva toma o lugar do dogma objetivo como critério de legitimidade religiosa, colocando, assim, os fundamentos para a "psicologização" do cristianismo; e o mesmo processo relativiza os conteúdos religiosos, já que o "coração" de um pode dizer coisas diferentes que o "coração" de outro. O pietismo também ameaçava o esforço protestante para manter microcristandades em virtude de sua tendência à pluralização. Começando com a original *ecclesiola in ecclesia* de Spener e Zinzendorf, o pietismo, em todas as suas formas, tendeu ao sectarismo tanto dentro quanto fora das Igrejas tradicionais.

    O outro choque foi o do racionalismo iluminista, sentido em todo o mundo protestante como uma ameaça à ortodoxia. Muito provavelmente, isso deve ser visto como uma consequência lógica (embora, é claro, involuntária) da erosão pietista da ortodoxia; de fato, o pietismo e o racionalismo mostraram consideráveis afinidades desde então até a atual fusão dos dois no psicologismo. O racionalismo iluminista no pensamento teológico foi um movimento internacional, assumindo formas muito semelhantes independentemente do contexto luterano, anglicano ou calvinista. Uma figura exemplar do movimento foi Lessing.

Levar-nos-ia muito longe a questão dos aspectos infraestruturais desses desenvolvimentos, embora isso seja importante para uma sociologia histórica do protestantismo. Basta afirmarmos axiomaticamente que esses desenvolvimentos teológicos têm, é claro, seu *Sitz im Leben* em amplos processos que influenciaram as sociedades em que o protestantismo existia. Seja como for, a verdadeira "crise" da ortodoxia protestante veio ao primeiro plano no século XIX. E o principal fruto da teologia protestante no século XIX foi a emergência de um coeso liberalismo teológico, que, embora durasse pouco como fenômeno histórico, pelo menos em sua forma clássica, teve um alcance teórico impressionante. Ele atingiu todos os campos do pensamento teológico: estudos bíblicos, história da Igreja, ética e teologia sistemática. Nas duas primeiras áreas, especialmente na Alemanha, o liberalismo protestante foi responsável por algumas das mais notáveis conquistas da historiografia moderna. Embora com instrumentos conceptuais muito diferentes, o liberalismo protestante alcançou uma síntese teórica que pode ser perfeitamente comparada à tomista.

O "pai" desta síntese liberal foi Friedrich Schleiermacher, e os principais traços da teologia liberal posterior já podem ser vistos claramente em seu pensamento.[2] Há a ênfase central na experiência religiosa, entendida como um "sentimento para o infinito" e depois como um "sentimento de dependência absoluta". Todas as formulações dogmáticas relativizam-se a partir dessa base. Todos os elementos "sobrenaturais" na tradição cristã são pouco enfatizados, em favor de uma religião "natural", em que tanto a razão quanto as emoções serão satisfeitas. A história da religião é entendida em termos evolucionistas e o cristianismo é tido como "a religião mais elevada", por causa

---

[2] Cf. Stephan e Schmidt, *op. cit.*, p. 92ss.

de seus supostos traços únicos. Há uma fascinação romântica (e, em suas raízes, pietista) com a figura humana de Jesus. Há uma concepção otimista da ética cristã como repositório de valores positivos tanto para o indivíduo quanto para a cultura, de modo que este último aspecto serve de base para o que se chamou *Kulturprotestantismus*, uma união do liberalismo protestante com a cultura liberal da burguesia, que já indica as raízes infraestruturais do fenômeno teológico.

Em tudo isso, deve-se notar a atitude de defesa *vis-à-vis* ao que é tido como verdade definitiva da filosofia e da ciência, isto é, da razão secular, fora da esfera cristã. Em outras palavras, a teologia se faz em referência constante a um grupo de intelectuais seculares, precisamente os "eruditos que desprezam a religião" e aos quais Schleiermacher se dirigiu, em suas famosas conferências, em 1799. *Eles*, em lugar das fontes da própria tradição, agora servem ao teólogo protestante como árbitros de aceitabilidade cognitiva. É com eles que se "negociam" os compromissos intelectuais necessários. Essa atitude defensiva ("apologética", no sentido moderno da palavra, contrariamente ao sentido clássico da "apologética" na Igreja) continuou como uma característica crucial do "século liberal" que se seguiu a Schleiermacher na teologia protestante. Na verdade, essa teologia pode ser descrita como um imenso processo de barganha com o pensamento secular: "vamos dar a vocês os milagres de Jesus, mas conservaremos o lado ético"; "podemos ceder com relação ao nascimento virginal, mas manteremos a ressurreição", e assim por diante. Personalidades como Kierkegaard, que não queriam seguir essas linhas, permaneciam marginais à situação teológica e só vieram a receber o que lhes cabia no fim da "era de Schleiermacher".

Não podemos tentar discutir o desenvolvimento da teologia protestante liberal em seus detalhes históricos (que, muitas vezes, são fascinantes). Apontaríamos apenas o que pode ser visto, muito além de qualquer dúvida, como o fundamento infraestrutural do liberalismo protestante: o período dos triunfos capitalistas na economia e na tecnologia, da expansão ocidental e da cultura burguesa, em suma – a "era de ouro" do capitalismo burguês. Esse foi um período de profunda confiança nos valores culturais, políticos e econômicos da civilização ocidental, uma confiança inteiramente refletida na cosmovisão otimista do liberalismo protestante. Os compromissos do teólogo, consequentemente, não eram negociados sob coação, mas em confronto com uma cultura secular tida por eminentemente atraente e digna de encômios, não só em termos materiais, mas também em seus valores. Pagou-se para liquidar com certos traços da tradição. Não deveria nos surpreender que o predomínio do liberalismo protestante tenha coincidido com o período durante o qual o mundo burguês manteve seu poder de atração e, mesmo, sua credibilidade.

A I Guerra Mundial foi o primeiro grande choque que esse mundo sofreu – e não é de surpreender que a primeira ameaça séria ao liberalismo protestante tenha vindo logo a seguir. A desintegração do predomínio do liberalismo protestante na Europa, primeiro no continente e um pouco depois na Inglaterra, pode ser sincronizada com a série de choques que se seguiram à I Guerra Mundial: a desintegração do velho modo de vida burguês como estilo cultural inconteste nos anos 20; a eclosão de movimentos revolucionários à esquerda e à direita do campo liberal burguês; o choque quase metafísico do advento do nazismo (com suas primeiras consequências teológicas manifestadas na *Kirchenkampf* alemã dos anos 30); os horrores da II Guerra Mundial. Nos Estados Unidos, a despeito de diferenças consideráveis nas características do protestantismo, houve um desenvolvimento semelhante, embora com um intervalo de praticamente uma geração. A I Guerra Mundial não foi um choque tão grande assim deste lado do Atlântico. Aqui, o primeiro grande choque foi a Grande Depressão, seguida pela II Guerra Mundial (que tem sido sentida mais nos Estados Unidos do que na Europa Ocidental nos últimos anos). As primeiras ameaças sérias ao liberalismo protestante, associadas particularmente com a influência de Reinhold Niebuhr nos Estados Unidos, não foram sentidas até os anos 40. Afirmamos que a diferença nos acontecimentos infra-estruturais entre a Europa e os Estados Unidos é a responsável pelo atraso nos desenvolvimentos teológicos, e não alguma lei de difusão cultural entre os dois continentes.

Não é preciso dizer que falar de "predomínio" num caso destes não quer dizer que houvesse exclusividade. Durante o período em que o liberalismo protestante dominou a cena, continuou a haver várias formas de ortodoxia, cujos seguidores procuraram resistir à penetração do pensamento secular e à tolerância pluralista. A grande reação contra o liberalismo, porém, veio depois da I Guerra Mundial com um movimento teológico ora chamado de "dialético", ora de "neo-ortodoxo" e, compreensivelmente, encarado por seus oponentes liberais como uma neurose do pós-guerra.[3]

A figura mais importante do movimento, até hoje, foi Karl Barth, e o primeiro lance do ataque ao liberalismo veio em 1919, com a publicação do comentário de Barth à Epístola aos Romanos. O próprio Barth descreveu o efeito desta publicação com uma imagem adequada: a de um homem que estava subindo as escadas de uma torre de igreja no escuro, e, escorregando, tentou equilibrar-se, segurando-se numa corda – descobriu, então, que, involuntariamente, ele tinha começado a tocar um grande sino. O que se deve acrescentar a essa imagem é que, para que se percebesse que o sino estava tocando, devia haver pessoas ouvindo. Nos países de língua alemã da Europa Central, ainda cambaleantes sob o impacto da destruição, o grande sino de Barth soou exatamente no momento propício.

Mais uma vez, não podemos mostrar aqui o desenvolvimento de teologia neo-ortodoxa (adjetivo que se tornou corrente nos

---
[3] Cf. *ibid.*, pp. 316ss.

Estados Unidos e que melhor descreve seu caráter). Crescendo rapidamente no meio protestante dos países de língua alemã nos anos 20, o movimento defrontou-se primeiramente com uma forte oposição e, depois, passou a ganhar influência nos anos 30. Pode-se relacionar isso com a crescente luta entre o nazismo e o setor do protestantismo alemão conhecido como "Igreja confessional".[4] Nessa luta, a neo-ortodoxia barthiana tomou o caráter de uma ideologia de resistência. A afirmação mais importante da "Igreja confessional", em seu esforço para salvaguardar a tradição cristã da cosmovisão da revolução nazista, a assim chamada Declaração de Barmen de 1934, estava baseada firmemente nos pressupostos da teologia barthiana. Naturalmente, ela recebeu o apoio de outros que também se opunham ao nazismo, mas diferiam de Barth teologicamente. De um modo geral, o nazismo levou ao ambiente da Igreja, de modo particular ao setor da "resistência" (que, deve-se acrescentar, tinha um componente *político* muito débil), muitas pessoas que, em outras circunstâncias, não teriam interesses religiosos fortes nem inclinação pela truculenta teologia antimodernista dos barthianos. Para se entender a ascensão da neo-ortodoxia na Europa dos anos 30, é muito importante lembrar que "moderno" nessa época significava, acima de tudo, estar de acordo com o nazismo. No jargão do protestantismo mais recente, eram os protagonistas da ideologia nazista na Igreja, e *não* a "Igreja confessional", os mais "relevantes" para sua situação secular.

A neo-ortodoxia, em todas as suas formas (às quais se devem acrescentar a revitalização da ortodoxia entre os luteranos e os anglicanos), implica a reafirmação da *objetividade* da tradição (embora, é claro, haja diferenças de opinião, também acerca do que seja a tradição, entre os barthianos e os neoluteranos, por

---

[4] Cf. Heinrich Hermelink (org.). *Kirche im Kampf*. Tuebingen: Wunderlich, 1950. Para uma discussão sociológica das relações entre as várias facções do protestantismo alemão nesta disputa, cf. o meu "Religious Liberalism and the Totalitarian Situation". *Hartford Seminary Foundation Bulletin* (*march*, 1960), p. 3ss.

exemplo). Rejeitam-se apaixonadamente os esforços subjetivantes, mediatizantes, e de compromisso da teologia liberal – como na réplica de Barth a Emil Brunner, que se identificava claramente com a neo-ortodoxia, mas que queria fazer algumas concessões à teologia "natural" do liberalismo, réplica essa apropriadamente intitulada *Nein*! Afirma-se a exterioridade e a não subjetividade da mensagem cristã. Nos próprios termos de Barth, a graça de Deus é uma *iustitia aliena*, que vem de fora para o homem e sem nenhuma "mediação" no próprio ser do homem. A mensagem cristã é *extra nos*, soberanamente independente das relatividades da história e do pensamento humano. A partir dessa "revolução copernicana" na teologia (em comparação com o liberalismo), a neo-ortodoxia pode permitir-se uma atitude de indiferença para com as mudanças das cosmovisão seculares e também (e isso é muito importante) para com as descobertas relativizantes dos estudos históricos aplicados à própria tradição cristã. Para dizê-lo de modo um tanto cru, tendo-se definido a objetividade da tradição como independente de todas essas contingências, "nada pode realmente acontecer" ao teólogo. Não é difícil ver como essa posição teológica parecia uma sólida rocha em que se apoiar contra as marés cambiantes de uma época tumultuada. Onde quer que se possa afirmar esse tipo de objetividade com plausibilidade, ele serve, até hoje, de "ponto de Arquimedes" a partir do qual todas as definições contraditórias da realidade podem ser relativizadas.

    A neo-ortodoxia tem sido intimamente associada com a assim chamada "redescoberta da Igreja", uma nova ênfase teológica no caráter corporativo do cristianismo contrariamente ao individualismo liberal. Este vínculo não é nenhum mistério, considerando-se esses fatos numa perspectiva de sociologia do conhecimento. Não está completamente claro que a ênfase eclesiástica havia de seguir-se logicamente aos pressupostos teológicos da neo-ortodoxia. É preciso relembrar que Kierkegaard, afinal, foi um dos inspiradores do movimento. À medida que o movimento se desenvolvia, ele foi se dissociando cada vez mais de suas raízes "existencialistas" (dissociação esta muito marcada na própria elaboração teológica de Barth), até o ponto que, hoje, o "existencialismo" é uma arma no arsenal de seus oponentes. Afirmamos que este fato tem mais sentido, quando se considera o imperativo de "engenharia social" intrínseco à manutenção do desvio cognitivo, a saber: a necessidade de construir estruturas de plausibilidade firmes, em face da refutação social geral das definições da realidade desviantes a serem sustentadas. Em termos diretos, para se crer na neo-ortodoxia, hoje, deve-se ser muito cuidadoso para agrupar sólida e continuamente o conjunto dos seguidores.

A reafirmação de objetividades ortodoxas na situação secularizante e pluralista, então, implica a manutenção de formas sectárias de organização sociorreligiosa. A seita, em sua concepção clássica na sociologia da religião, serve como o modelo para organizar uma minoria cognitiva *contra* um meio hostil ou, pelo menos, descrente. Esse imperativo manifesta-se de forma completamente independente de qualquer noção teológica acerca da natureza da Igreja. Pode-se vê-lo no catolicismo (a despeito do caráter universalista, profundamente antissectário, da eclesiologia católica), onde quer que este procure manter-se em um meio maciçamente neocatólico; e pode-se vê-lo nos casos em que a ortodoxia e a neo-ortodoxia são mantidas em grupos protestantes com uma tradição de Igreja livre (onde, é claro, há a vantagem de se poder legitimar o sectarismo recente em termos tradicionais). O imperativo de "engenharia social", todavia, acarreta um problema de promoção, a saber, as pessoas têm de ser *motivadas* para continuarem ou para tornarem-se sectárias. Isso é difícil na medida em que o mundo "exterior" é atraente. Na Europa, a sociedade tornou-se atraente, uma vez mais, alguns anos após a II Guerra Mundial. Na Alemanha (que ainda é o coração da maior parte dos movimentos teológicos protestantes), o momento crítico verificou-se com embaraçosa claridade em 1948, ano da reforma monetária e do começo da recuperação econômica.[5] Nesse ponto, fica mais difícil contemplar o mundo "exterior", inclusive seu caráter secular, como "o inimigo", como a corporificação das "forças demoníacas" ou coisa semelhante. Subitamente, novas legitimações teológicas da "secularidade" aparecem. E começa a declinar rapidamente o predomínio da neo-ortodoxia, particularmente entre os teólogos mais jovens, que não pertencem à geração da Kirchenkampf.

Na Alemanha, estabeleceu-se a nova atmosfera teológica no intenso debate sobre a concepção de "demitologização" desenvolvido por Rudolf Bultmann.[6] O ensaio original em que Bultmann propôs a "demitologização" do Novo Testamento foi escrito durante a guerra e circulou em forma mimeografada entre um pequeno grupo de teólogos; a controvérsia ampla, porém, só eclodiu após sua publicação, depois da guerra. Esse debate dominou a cena teológica alemã por muitos anos e logo difundiu-se por outros países. Por essa época, curiosamente, não havia quase nenhum atraso entre os desenvolvimentos teológicos nos dois lados do Atlântico. Quase ao mesmo tempo em que a controvérsia bultmanniana surgia na Europa, Paul Tillich começava a publicar os vários volumes de sua *Teologia Sistemática* nos Estados Unidos.[7] A teologia de Tillich tornou-se um elemento aglutinador, especialmente para jovens teólogos desiludidos com a neo-ortodoxia tanto nos Estados Unidos quanto, um pouco depois, na Europa. A nova atitude com relação ao mundo secular foi afirmada com muita força por Friedrich Gogarten (que se associara à neo-ortodoxia no início dos anos 20, mas que rompeu com Barth, quando este abandonou a tendência existencialista por uma nova objetividade dogmática)

---

[5] Esse ponto foi levantado por Hermann Luebbe. *Saekularisierung*. Friburgo: Alber, 1965, p. 117ss.

[6] Para uma súmula deste debate por um período de anos, cf. Hans Bartsch (org.). *Kerygma und Mythos*. Vols. 1-4. Hamburgo: Reich, 1948-1955.

[7] Paul Tillich. *Systematic Theologiy*. Vols. 1-3. Chicago: University of Chicago Press, 1951-1963.

num livro publicado em 1953.⁸ Foi depois disso que as expressões, algo dissonantes, "teologia secular" ou "cristianismo secular" começaram a ganhar curso. As últimas obras de Dietrich Bonhoeffer, particularmente a noção de "cristianismo sem religião", desenvolvida na correspondência da prisão, foram largamente utilizadas para legitimar a nova abordagem, embora não esteja claro se Bonhoeffer tomaria essa direção, caso tivesse sobrevivido à guerra.⁹ O ataque à neo-ortodoxia na Alemanha culminou, em 1963, com o manifesto de um grupo de jovens teólogos contra Barth, intitulado *Revelação como história*.[10]

Esses desenvolvimentos da teologia acadêmica, altamente "apropriados" à situação do pós-guerra, como tentamos mostrar, estavam implorando por popularização. Essa esperança foi atendida (se é que se pode permitir a expressão no contexto da "demitologização") com a publicação de *Honest to God* de John Robinson em 1963.[11] O livro imediatamente desencadeou uma tempestade de controvérsias públicas depois de seu aparecimento na Inglaterra, dessa vez não nas revistas de teologia, mas na imprensa diária e nos outros meios de comunicação de massa. O mesmo aconteceu nos Estados Unidos e nos outros países onde o livro apareceu em tradução. Nos Estados Unidos, este debate projetou a "nova teologia" na consciência do grande público e logo foi seguido pelo "fenômeno" ainda mais radical do movimento da "morte de Deus", entre um grupo de jovens teólogos.[12] O "novo secularismo" tornou-se popular não apenas entre teólogos, mas, significativamente, entre homens da

---

⁸ Friedrich Gogarten. *Verhaengnis und Hoffnung der Neuzeit*. Stuttgart: Vorwerk, 1953. Para útil introdução à obra de Gogarten, cf. Larry Shiner. *The Secularization of History*. Nashville: Abingdon, 1966.

⁹ Cf. Eberhard Bethge (org.). *Die muendige Welt*. Vols. 1-2. Munique: Kaiser, 1955-1956; Martin Marty (org.). *The Place of Bonhoeffer*. Nova York: Association Press, 1962.

[10] Wolfhart Pannenberg (org.). *Offenbarung ais Geschichte*. Goettingen: Vandenhoeck & Ruprecht, 1963.

[11] John Robinson. *Honest to God*. Londres: SCM Press, 1963.

[12] Para uma boa súmula deste último, cf. Thomas Altizer e William Hamilton. *Radical Theology and the Death of God*. Indianapolis: Bobbs-Merrill, 1966.

organização eclesiástica em busca de novos "programas". Outro "best-seller", *The Secular City* de Harvey Cox, tornou-se um tipo de manifesto dessa nova atitude em relação ao mundo secular.[13]

Precisamente por causa da considerável lacuna intelectual entre as primeiras afirmações teológicas dessas posições e seus posteriores correlatos populares, é importante ver a continuidade entre eles. Essa continuidade está baseada não somente no âmbito da história das ideias e sua popularização, mas na afinidade *quer* das ideias popularizadas, *quer* de seus "originais", com fenômenos de ordem infraestrutural. Nessa perspectiva, o predomínio da neo-ortodoxia aparece como uma interrupção mais ou menos "acidental" do processo global de secularização. O "acidente", é claro, foram os cataclismos políticos que levaram ao fim a primeira era liberal. O surgimento contemporâneo do que pode ser chamado "neoliberalismo", portanto, parte de onde o primeiro liberalismo parara e o faz de forma bem mais "radical", por causa do período intermediário. Este fato também se deve à maturação dos efeitos mais penetrantes da secularização e ao estabelecimento crescente e permanente de uma situação pluralista no mundo inteiro, como se descreveu no capítulo anterior.

O novo liberalismo "subjetiva" a religião de forma radical e em dois sentidos. Com a progressiva perda de objetividade ou perda de realidade das definições religiosas tradicionais do mundo, a religião torna-se, cada vez mais, uma questão de livre escolha subjetiva, isto é, perde seu caráter obrigatório intersubjetivo. Além disso, as "realidades" religiosas são, cada vez mais, traduzidas de um quadro de referência de facticidades exteriores à consciência do indivíduo para um quadro de referência que as localiza na consciência. Assim, por exemplo, a ressurreição de Cristo não é mais encarada como um acontecimento no mundo exterior de natureza física, mas é "traduzida" para fenômenos

---

[13] Harvey Cox. *The Secular City*. Nova York: Macmilan, 1965.

existenciais ou psicológicos na consciência do crente. Para dizermos de outra forma, o *realissimum* ao qual a religião se refere é transposto do cosmos ou da história para a consciência individual. A cosmologia torna-se psicologia. A história torna-se biografia. Nesse processo de "tradução", é claro, a teologia adapta-se aos pressupostos do pensamento secular moderno acerca da realidade. Na verdade, a necessidade de adaptar as tradições religiosas (para torná-las "relevantes") é comumente citada como a *raison d'être* do movimento teológico em questão.

Vários instrumentos conceptuais foram empregados nessa tarefa. O conceito de "símbolo", desenvolvido pela filosofia neokantiana, foi útil. As afirmações religiosas tradicionais agora podem ser vistas como "símbolos"; o que elas supostamente "simbolizam" normalmente vem a ser realidades que se presume existirem nas "profundezas" da consciência humana. Uma ligação conceptual com o psicologismo e/ou existencialismo tem sentido nesse contexto e, na verdade, caracteriza a maior parte do neoliberalismo contemporâneo. O psicologismo, seja ele freudiano, neofreudiano ou jungiano, permite a interpretação da religião como um "sistema de símbolos" que se refere "na realidade" a fenômenos psicológicos. Essa ligação particular tem a grande vantagem, percebida, sobretudo, nos Estados Unidos, de legitimar as atividades religiosas como um tipo de psicoterapia.[14] Na medida em que programas psicoterapêuticos são tidos como "altamente relevantes" nos Estados Unidos, esse tipo de legitimação é muito útil pragmaticamente do ponto de vista das organizações religiosas. O existencialismo proporciona outro instrumental conceptual para fins de "tradução". Se os pressupostos existencialistas podem ser postulados como traços básicos da condição humana, a religião pode ser interpretada como "símbolo" desta última. A distinção, levada a cabo por

---

[14] Cf. Louis Schneider e Sanford Dornbusch. *Popular Religion*. Chicago: University of Chicago Press, 1958. Samuel Klausner. *Psychiatry and Religion*. Nova York: Free Press, 1964.

teólogos alemães, entre *Historie* e *Geschichte* (distinção que não é possível em inglês) ilustra muito bem o caráter desta tradução. Assim, a ressurreição, por exemplo, não é mais entendida como *historisch* (isto é, como um acontecimento na história externa, comprovável cientificamente), mas como *geschichtlich* (isto é, como um acontecimento na história existencial do indivíduo). Começando com Tillich, especialmente nos Estados Unidos, os conceitos psicologistas e existencialistas têm sido empregados juntos para fins de "tradução". Esses conceitos mostraram-se altamente "relevantes", no sentido acima mencionado, quer entre intelectuais preocupados com teologia, quer entre pessoas "interessadas em religião" no aspecto popular.

Conceitos derivados da sociologia entram na tarefa de "tradução" para mostrar que esta última é "necessária", pelo menos. Como vimos antes, é possível mostrar que a consciência moderna tornou-se altamente secularizada, isto é, que as afirmações religiosas tradicionais tornaram-se progressivamente "irrelevantes" para um número cada vez maior de pessoas. A tarefa da "tradução" neoliberal, porém, usa a sociologia de um modo peculiar. Ela converte os dados sociológicos, de afirmações cognitivas em afirmações normativas: isto é, ela parte da constatação empírica de que certos estados de consciência prevalecem de fato na sociedade moderna para a afirmação epistemológica de que esses estados de consciência deveriam servir de critérios de validação para o teólogo. A possibilidade teórica de que o "defeito" cognitivo esteja na consciência moderna, e não na tradição religiosa, é comumente ignorada nesse processo.

Não parece muito provável que as formas extremas da teologia "radical", como estão atualmente popularizadas no protestantismo, se sustentem, pela simples razão de que elas solapam a própria existência das instituições religiosas que elas deveriam legitimar. Como legitimações elas são autodestruidoras. As tentativas mais moderadas de conciliar o cristianismo com algumas ideias-chave da consciência secularizada acerca da realidade, porém, têm muitas probabilidades de se manterem. Especificamente, a "subjetivação" da religião, especialmente por meio do instrumental conceptual do psicologismo, pode ser considerada como uma ampla tendência que não deve mudar em futuro próximo, a não ser que o curso dos acontecimentos uma vez mais seja "interrompido" pelo tipo de cataclismo que engendrou a neo-ortodoxia no período entre as duas guerras mundiais.

Examinamos em detalhe o caso protestante porque, por razões indicadas acima, ele pode ser visto como prototípico para a situação da religião no mundo moderno. O problema fundamental de legitimação de uma instituição religiosa em face da perda de realidade de sua tradição é exemplificado pelo protestantismo, que teve de encarar o problema bem cedo e de maneira radical, quanto mais não seja, porque ele próprio foi um fator importante na gênese histórica da perda de realidade. Todas as outras tradições religiosas na órbita da cultura ocidental, porém, tiveram de enfrentar o problema, mais cedo ou mais tarde. O catolicismo, por razões intrínsecas à sua tradição, procurou manter vigorosamente uma postura de resistência incondicional em face da secularização e do pluralismo, e mesmo em nosso século lançou-se em fortes contra-ataques com o intuito de restabelecer algo como a cristandade, pelo menos em territórios limitados. A revolução fascista na Espanha, cujas tropas marchavam para a batalha sob estandartes que proclamavam a realeza de Cristo, foi o esforço mais extremo nessa direção. O procedimento mais frequente, ultimamente, tem sido o entrincheiramento do catolicismo em subculturas dentro da sociedade maior, a construção de fortalezas católicas a serem defendidas contra um mundo secular que não pode mais querer submeter-se a uma *reconquista*. Isso, é claro, levantou todos os problemas de "engenharia social" antes mencionados, a saber, os problemas "técnicos" de levar adiante um gueto sectário em uma época de educação em massa, comunicações de massa e mobilidade de massa. Enquanto esse tipo de defesa permaneceu como sua principal postura, o catolicismo teve pouca flexibilidade para fazer concessões ao pensamento secularizado. Em 1864, o *Syllabus* ou compêndio de erros ainda podia condenar brandamente a noção de que "o Romano Pontífice pode e deve reconciliar-se e concordar com o progresso, o liberalismo e a civilização como foi introduzida recentemente". E a doutrina da infalibilidade papal foi proclamada em 1870 pelo Vaticano I em oposição àquela "civilização como foi introduzida recentemente", que apenas dois meses depois marchou contra Roma na pessoa de Vítor Emanuel. A intransigência política do papado, na verdade, modificou-se nas décadas seguintes, mas a continuação da intransigência teológica ficou bem clara na supressão do assim chamado movimento modernista nos primeiros anos do século XX. Especialmente desde o Vaticano II, tem havido, é claro, um forte movimento de liberalização da teologia católica em vários países, mas pode-se duvidar de que se possa ir muito longe na modificação do profundo conservadorismo da instituição. Na verdade, se se tiver em mente o desenvolvimento protestante, que discutimos acima, pode-se creditar aos conservadores, que se opõem a um *aggiornamento* muito radical, grande instinto sociológico.

O caso judaico novamente apresenta um quadro bastante diverso, como resultado tanto das peculiaridades da existência social judaica no mundo ocidental, quanto do judaísmo enquanto tradição religiosa. A objetividade, no judaísmo, sempre foi mais uma questão de prática do que de teoria (mais precisamente de *halachah* do que de dogma), de forma que a desobjetivação manifesta-se mais significativamente na desintegração da prática religiosa do que em heterodoxia doutrinária. Além disso, é claro, a peculiaridade do judaísmo como uma tradição religiosa e como uma entidade étnica significa que o problema de sua plausibilidade *ipso jacto* acarreta a assim chamada "crise de identidade judaica". A tentativa sionista de definir o caráter judaico em termos de uma identidade *nacional* tem, portanto, a ambivalência de, por um lado, re-estabelecer uma estrutura de plausibilidade objetiva para a existência judaica e, por outro, colocar em questão a alegação do judaísmo religioso de ser a *raison d'être* da existência judaica. Essa ambivalência manifesta-se nas contínuas dificuldades entre "Igreja" e Estado em Israel. Todavia, a opção fundamental entre resistência e acomodação tem de ser encarada pelo judaísmo, sobretudo nos Estados Unidos, em termos que não são muito diferentes dos das Igrejas cristãs. Especificamente, a opção é entre manter defensivamente uma subcultura judaica (que pode ser definida primordialmente em termos religiosos ou nacionais) ou jogar o jogo do pluralismo com todos os demais. É altamente indicativo deste dilema o fato de, enquanto os líderes judaicos americanos ficavam cada vez mais alarmados com a ameaça de que os casamentos mistos constituíam à continuidade da comunidade judaica, um porta-voz do judaísmo reformado ter defendido a ideia de "evangelização" entre os gentios. Em outras palavras, mesmo em uma tradição tão estranha ao espírito de pluralismo quanto a judaica, a lógica do mercado se impõe a ponto de a "engenharia social" de defesa subcultural tornar-se muito difícil.

Levar-nos-ia muito longe discutir, mesmo brevemente, os problemas que a secularização coloca para as religiões não ocidentais. Basta enfatizar, uma vez mais, que a modernização é hoje um fenômeno de âmbito mundial e que as estruturas da sociedade industrial moderna, a despeito de grandes modificações em diferentes áreas e culturas nacionais, levam a situações notavelmente semelhantes para as tradições religiosas e as instituições que as corporificam. Na verdade, por causa disso, é que a experiência das tradições religiosas ocidentais nos tempos modernos é de grande interesse, se se quiser projetar o futuro da religião em países não ocidentais, independentemente do fato de seu desenvolvimento se verificar sob os auspícios de uma política socialista ou não. Seria tolo fazer predições detalhadas com relação a esse futuro em qualquer país particular. Não obstante, pode-se dizer que o futuro da religião em qualquer lugar será modelado decisivamente pelas forças que foram discutidas neste e nos precedentes capítulos – secularização, pluralização e "subjetivação" – e pelas formas com que as diversas instituições religiosas reagirem a essas forças.

APÊNDICE I
DEFINIÇÕES SOCIOLÓGICAS DA RELIGIÃO

Definições não podem ser, por sua própria natureza, "verdadeiras" ou "falsas"; podem apenas ser mais ou menos úteis. Por esta razão, não tem muito sentido discutir em torno de definições. Porém, caso haja discrepâncias entre definições num dado campo, tem sentido discutir suas respectivas utilidades. É o que nos propomos fazer aqui, com brevidade apropriada a assuntos menores.

Na verdade, pode-se alegar, pelo menos no campo da religião, que mesmo definições baseadas em pressupostos patentemente errôneos têm certa utilidade. Por exemplo, a concepção de Max Mueller da religião como uma "doença da linguagem" (*Essay on Comparative Mythology*, 1856) está baseada em uma teoria racionalista da linguagem muito inadequada, mas ainda é útil ao apontar a linguagem como o grande instrumental do homem para construir o mundo, que atinge seu máximo poder na construção de deuses. Não obstante o que a religião possa ser, além disso, ela é um universo de significado construído pelo homem, e esta construção é feita por meios linguísticos. Outro exemplo: a teoria de Edward Tylor sobre o animismo e sua concepção da religião baseada nesta teoria (*Primitive Culture*,

1871) partem da noção inaceitável do homem primitivo como um tipo de filósofo imperfeito e, além disso, têm uma ênfase muito estreita na alma como categoria religiosa básica. Todavia, ainda é útil relembrar que a religião implica a busca pelo homem de um mundo que esteja relacionado com ele, e que será "animado" neste sentido amplo. Em suma, a única atitude sensata com relação a definições é a de tolerância.

Max Weber, no início de sua discussão da sociologia da religião em *Wirtschaft und Gesellschaft*, assumiu a posição de que uma definição da religião, caso seja possível, só poderia vir no final, e não no começo, do tipo de tarefa que ele se impusera. Não é de surpreender que ele nunca tenha chegado a este final, de sorte que o leitor da obra de Weber espera em vão pela definição prometida. Eu não estou de forma alguma convencido pela posição de Weber acerca da sequência correta entre definição e pesquisa, na medida em que só se pode proceder a esta última no âmbito de um quadro de referência que define o que é e o que não é relevante para a pesquisa. *De facto* Weber segue a definição do escopo da religião que era corrente na *Religionswissenschaft* de seu tempo. Do contrário, por exemplo, ele poderia ter discutido a "nação" ou o *oikos* sob o tópico de sociologia da religião, ao invés dos outros tópicos sob os quais aparecem em *Wirtschaft und Gesellschaft*. Parece-me que a principal consequência de se evitar ou adiar definições em ciência é que ou o campo de pesquisa se torna impreciso (o que, com certeza, não é o caso de Weber), ou opera-se com definições implícitas em lugar das explícitas (o que, creio eu, é o caso da obra de Weber). A elucidação parece-me o caminho mais desejável.

    Emile Durkheim, em *The Elementary Forms of the Religious Life*, começa com uma importante descrição dos fenômenos religiosos, particularmente em termos da dicotomia sagrado/profano, mas termina com uma definição da funcionalidade social geral da religião. Nisso, ao contrário de Weber, ele foi contra a tendência da erudição *religionswissenschaftliche* do período, que tentava definir a religião substancialmente de uma ou outra forma. Pode-se dizer também, em vista disso, que a abordagem durkheimiana da religião é mais radicalmente sociológica que a de Weber, isto é, a religião é entendida como um "fato social" no preciso sentido durkheimiano.

A alternativa entre uma definição substancial ou funcional é, é claro, uma constante em todos os campos da análise sociológica. Argumentos plausíveis podem ser aventados para cada opção e, na verdade, um dos argumentos mais fortes para as definições funcionais é que elas permitem uma linha de análise sociológica menos ambígua e, portanto, mais "clara" ou mais pura. Não estou de forma alguma interessado em tomar uma posição doutrinária a favor de definições substanciais sempre e em qualquer lugar, mas apenas em defender a escolha de uma definição substantiva aqui.

A tentativa mais convincente e ousada para definir a religião em termos de sua funcionalidade social é a de Thomas Luckmann (em seu *Das Problem der Religion in der modernen Gesellschaft*, 1963, versão inglesa, *The Invisible Religion*, 1967). Essa tentativa é claramente de tradição durkheimiana, embora ampliada por considerações antropológicas gerais que vão bem além de Durkheim. Além disso, Luckmann diferencia cuidadosamente sua concepção de funcionalidade daquela do funcionalismo estrutural contemporâneo. A funcionalidade baseia-se em alguns pressupostos antropológicos fundamentais e *não* em constelações institucionais particulares, historicamente relativas e que não podem ser alçadas validamente a um *status* de universalidade (como, por exemplo, fazem os sociólogos da religião, que se fixam na Igreja como uma institucionalização da religião peculiar à cultura ocidental). Sem descermos aos detalhes de uma discussão extremamente interessante, a essência da concepção luckmanniana da religião é a capacidade de o organismo humano transcender sua natureza biológica através da construção de universos de significado objetivos, que obrigam moralmente e que tudo abarcam. Consequentemente, a religião torna-se não apenas o fenômeno social (como em Durkheim), mas na verdade, o fenômeno antropológico por excelência. Especificamente, a religião é equiparada com autotranscedência simbólica. Assim, qualquer coisa genuinamente humana é *ipso facto* religiosa e os únicos fenômenos não religiosos na esfera humana são os baseados na natureza animal do homem, ou mais precisamente, aquela parte de sua constituição biológica que ele tem *em comum* com os outros animais.

Eu compartilho inteiramente dos pressupostos antropológicos de Luckmann (vide nosso esforço teórico conjunto em *The Social Construction of Reality*, 1966, no qual, logicamente, nós contornamos nossa diferença com relação à definição de religião) e também concordo com sua crítica de uma sociologia da religião fixada na Igreja como institucionalização historicamente relativa da religião. Todavia, eu questiono a utilidade de uma definição que iguale religião e humano *tout court*. Uma coisa é apontar os fundamentos antropológicos da religião na capacidade humana de autotranscendência; outra igualá-las. Afinal, existem formas de autotranscendência e concomitantes universos simbólicos muito diferentes uns dos outros, não obstante a identidade de suas origens antropológicas. Assim, pouco se ganha, em minha opinião, ao se chamar a ciência moderna, por exemplo, de religião. Se se fizer isso, ter-se-á subsequentemente de definir de que forma a ciência moderna é diferente daquilo que todos chamam de religião, inclusive as pessoas engajadas na *Religionwissenschaft*, o que coloca de novo o mesmo problema de definição. Acho muito mais útil tentar uma definição explícita de religião desde o começo e tratar as questões de suas raízes antropológicas e de sua funcionalidade social como assuntos separados.

É por essa razão que, aqui, eu tentei operar com uma definição explícita de religião em termos de postulação de um *cosmos sagrado* (*vide* capítulo 1, acima). A diferença nessa definição, é claro, é a categoria do sagrado, que tomei essencialmente no sentido a que, desde Rudolf Otto, a *Religionwissenschaft* lhe dá (e que, aliás, Luckmann considera como virtualmente intercambiável com sua concepção do religioso, o que torna ainda mais difícil a diferenciação entre as várias formas históricas de simbolização). Isso não é apenas o caminho conceptualmente, mas, penso eu, permite distinções menos complicadas entre cosmos empiricamente observáveis. Deve-se enfatizar, porém, que a escolha de definições não implica diferenças na interpretação de desenvolvimentos sócio-históricos particulares (como pode se ver claramente naquelas partes desta discussão, particularmente no capítulo 6, onde não só concordo, como devo muito a Luckmann). Afinal de contas, suponho, definições são questão de gosto e assim ficam sob a máxima *de gustibus*.

APÊNDICE II
PERSPECTIVAS SOCIOLÓGICAS E TEOLÓGICAS

Neste livro, a discussão moveu-se estritamente no âmbito do quadro de referência da teoria sociológica. Não se deve procurar nenhuma explicação teológica ou antiteológica em parte alguma deste estudo; se alguém acreditar que essas implicações estão presentes *sub rosa*, apenas posso assegurar-lhe que está enganado. Tampouco há uma necessidade intrínseca de que a teoria sociológica, como a entendemos aqui, se engaje num "diálogo" com a teologia. A noção, que ainda prevalece entre alguns teólogos, de que o sociólogo apenas levanta algumas questões, que devem ser respondidas pelo teólogo no "diálogo", deve ser rejeitada em bases metodológicas bastante simples. Questões levantadas no âmbito do quadro de referência de uma disciplina empírica (e eu consideraria enfaticamente a teoria sociológica no âmbito de tal quadro de referência) não são suscetíveis de uma resposta no quadro de referência de uma disciplina não empírica e normativa, da mesma forma que o procedimento inverso também é inadmissível. As questões que a teoria sociológica levanta devem ter resposta dentro do universo de discurso desta disciplina. Esta platitude metodológica não impede, todavia, que algumas perspectivas sociológicas possam ser *relevantes* para o teólogo, embora, nesse caso, ele deva estar atento para esse fato, ao tentar articular essa relevância no âmbito do seu universo de discurso. Em suma, as ideias deste livro se mantêm ou não, como empreendimento de teoria sociológica e, como tais, não são suscetíveis à confirmação ou à crítica da teologia.

Mas, tendo dito isso, quero fazer aqui alguns comentários sobre a relevância dessa perspectiva para o pensamento teológico. Tenho duas razões para tanto. Em primeiro lugar, há o simples desejo de não ser mal entendido, especialmente pelo leitor que tem preocupações teológicas (pelo qual, admita-se, tenho sentimentos especialmente calorosos). Em segundo lugar, em escritos anteriores, fiz afirmações acerca das relações entre a perspectiva sociológica e a teológica, que não considero mais sustentáveis (particularmente em meu livro *The Precarious Vision*, 1961), e eu tenho a noção um pouco antiquada de que aquilo que foi dito numa publicação deve ser corrigido noutra, caso seu autor tenha mudado seu modo de ver.

Em alguns pontos deste livro, senti a necessidade de reafirmar que quaisquer colocações feitas não se referiam ao *status* último das definições religiosas da realidade. Fiz isso, particularmente, onde quer que eu tenha sentido o perigo de que o "ateísmo metodológico" desse tipo de estudo pudesse ser interpretado como ateísmo *tout court*. Gostaria de enfatizar mais uma vez este ponto aqui, tão fortemente quanto possível. A perspectiva essencial da teoria sociológica proposta aqui é a de que a religião deve ser entendida como projeção humana, baseada em infraestruturas específicas da história humana. Pode-se ver facilmente que, do ponto de vista de alguns valores éticos e religiosos, pode haver implicações tanto "boas" quanto "más" para essa perspectiva. Assim, pode-se achar que é "bom" que a religião proteja os homens contra a anomia, mas que é "mau" que ela os aliene do mundo que sua própria atividade produz. Essas avaliações devem ser cuidadosamente distinguidas da análise teórica da religião como nomo ou como falsa consciência.

Esta análise, nesse quadro de referência, permanece isenta de valoração com relação a esses dois aspectos.

Colocando-se de forma diferente, a teoria sociológica (e, na verdade, qualquer outra teoria que se move na estrutura das disciplinas empíricas) sempre há de encarar a religião *sub specie temporis*, deixando aberta necessariamente, portanto, a questão de se e como ela também poderia ser vista *sub specie aeternitatis*. Assim, a teoria sociológica deve, por sua própria lógica, encarar a religião como projeção humana e, pela mesma lógica, não pode ter nada a dizer acerca da possibilidade de esta projeção referir-se a algo além do ser de quem a projeta. Em outras palavras, dizer que a religião é uma projeção humana não implica logicamente que os sentidos projetados não possam ter um *status* último independente do homem. Na verdade, se se postula uma visão religiosa do mundo, a base antropológica dessas projeções pode ser ela própria o reflexo de uma realidade que *inclui* tanto o mundo quanto o homem. Assim, a projeção humana de sentidos no universo, afinal de contas, aponta para um sentido que tudo abarca e no qual o próprio homem está baseado. Não é sem interesse observar, a esse respeito, que é uma concepção assim que subjaz às primeiras ideias de Hegel acerca da dialética. Ser grato, *qua* sociólogo, a Marx, por essa inversão da dialética hegeliana em benefício de um entendimento empírico das coisas humanas, não impede que, *qua* teólogo, se possa uma vez mais pôr Marx de cabeça para baixo, exatamente porque está claro que as duas construções dialéticas ocorrem em quadros de referência estritamente discrepantes. Para dizê-lo de modo mais simples, isso implicaria que o homem projeta significados últimos na realidade porque a realidade tem, de fato, um significado último, e porque seu próprio ser (base empírica dessas projeções) contém e pretende esses significados últimos. Tal procedimento teológico, caso seja exequível, seria uma brincadeira interessante com Feuerbach: a redução da teologia à antropologia acabaria na reconstrução da antropologia em uma forma teológica. Lamentavelmente, não estou em posição de oferecer tal proeza aqui, mas quero, pelo menos, sugerir essa possibilidade ao teólogo. O caso da matemática é bastante instrutivo a esse respeito. Sem dúvida alguma, a matemática é uma projeção na realidade de algumas estruturas da consciência humana. Todavia, o fato mais surpreendente da ciência moderna é que estas estruturas vieram a corresponder a algo "lá fora" (para citar o bom bispo Robinson). Matemáticos, cientistas e filósofos da ciência ainda estão tentando entender como isso é possível. Mais ainda, é possível mostrar sociologicamente que o desenvolvimento dessas projeções na história do pensamento moderno tem suas origens em infraestruturas específicas sem as quais seria muito improvável que ele tivesse ocorrido. Até agora ninguém sugeriu que *por causa disso* a ciência moderna deva ser considerada uma grande ilusão. O paralelo com o caso da religião, é claro, não é perfeito, mas vale a pena refletir sobre isso.

Tudo isso leva ao lugar-comum, frequentemente encontrado nas páginas iniciais de obras sobre sociologia da religião, de que o teólogo *qua* teólogo não deve preocupar-se excessivamente com qualquer coisa que o sociólogo possa dizer acerca da religião. Ao mesmo tempo, seria tolo sustentar que *todas* as posições teológicas são igualmente imunes à sociologia. Logicamente, o teólogo *terá* de se preocupar sempre que sua posição incluir proposições que estejam sujeitas a refutação empírica. Por exemplo, uma proposição de que a religião em si mesma seja um fator constituinte de bem-estar psicológico tem muito o que temer, caso seja submetida à verificação sociológica ou sociopsicológica. A lógica aqui e semelhante à do estudo histórico da religião. Na verdade, pode-se dizer que afirmações históricas e teológicas ocorrem em quadros de referência discrepantes e imunes um ao outro. Mas, se o teólogo afirma algo que se pode provar nunca ter ocorrido historicamente ou ter ocorrido de forma bem diferente, e esta afirmação é essencial para sua posição, então não se pode dizer que ele não tenha nada a temer do trabalho do historiador. O estudo histórico da Bíblia oferece muitos exemplos a esse respeito.

A sociologia, portanto, levanta questões para o teólogo na medida em que as posições deste dependem de certos pressupostos sócio-históricos. Bem ou mal, estes pressupostos são particularmente característicos do pensamento teológico judaico-cristão, por razões bem conhecidas e que têm a ver com a orientação radicalmente histórica da tradição bíblica. O teólogo cristão, portanto, está equivocado se ele encarar a sociologia simplesmente como uma disciplina auxiliar que o ajudará (ou melhor, ajudará o homem de Igreja) a entender alguns problemas "externos" do meio social em que sua Igreja se localiza. Na verdade, há tipos de sociologia (como a forma de pesquisa quase sociológica que se tornou tão popular ultimamente em organizações eclesiásticas) que são bastante "inócuos" nesse sentido, e que podem rapidamente ser aplicados para fins pragmáticos. O pior que um homem de Igreja pode esperar do sociólogo que está fazendo uma pesquisa de mercado religioso para ele é a notícia pouco alvissareira de que menos pessoas do que ele pensava vão à igreja. Mas ele ainda será esperto se tiver o cuidado de deixar que a pesquisa sociológica vá tão longe. Ele pode obter mais do que esperava. Especificamente, pode estar recebendo uma perspectiva sociológica tão ampla que possa levá-lo a ver sua atividade global sob uma nova luz.

Repetindo: em bases estritamente metodológicas, será possível para o teólogo descartar-se dessa nova perspectiva como irrelevante para seu *opus proprium*. Isso se tornará bem mais difícil, porém, assim que ele pensar que, afinal, ele não nasceu teólogo, e que ele existia como pessoa em uma situação sócio-histórica particular antes de começar a fazer teologia – em suma, que ele próprio, se não a sua teologia, é iluminado pelos recursos do sociólogo. Neste momento, ele pode ver-se arrancado subitamente do santuário metodológico de sua teologia e encontrar-se repetindo, embora em sentido bem diferente, a queixa de Agostinho de que "Factum eram ipso mihi magna quaestio". Além disso, é provável que ele ache que, a não ser que, de algum modo, possa neutralizar essa perspectiva perturbadora em sua própria mente, ela será relevante para sua teologia também. De forma mais simples, *metodologicamente*, em termos da teologia como universo abstrato de discurso, a sociologia pode ser vista como "inofensiva"; *existencialmente*, em termos do teólogo como uma pessoa com uma posição social e uma biografia social, a sociologia pode ser um negócio muito perigoso, na verdade.

A *magna quaestio* da sociologia é muito semelhante, finalmente, à da história: como se pode chegar, num mundo de relatividade sócio-histórica, a um "ponto de Arquimedes", a partir do qual possam ser feitas afirmações válidas, sobre questões religiosas? Em termos de teoria sociológica, há algumas variantes a essa questão: se todas as proposições religiosas *também* são, pelo menos, projeções baseadas em infraestruturas específicas, como distinguir as infraestruturas que dão origem à verdade das que dão origem com erro? E, se toda plausibilidade religiosa é suscetível a uma "engenharia social", como se pode estar certo de que as proposições religiosas (ou, neste caso, "experiências religiosas") que se nos afiguram plausíveis não são apenas isso – produtos da "engenharia social" – e nada mais? Pode-se admitir facilmente que houve questões análogas a essas muito tempo antes do aparecimento da sociologia. Podem ser encontradas no problema de Jeremias de como distinguir a profecia falsa da verdadeira; na terrível dúvida, que aparentemente atormentava Tomás de Aquino, sobre se a sua própria crença nos argumentos a favor da existência de Deus não seria uma mera questão de "hábito"; no tormento de inúmeros cristãos (particularmente desde os cismas protestantes) de como encontrar a verdadeira Igreja. Na perspectiva sociológica, porém, essas questões adquirem nova virulência, precisamente porque a sociologia, em seu próprio nível de análise, lhes dá certa resposta. A vertigem da relatividade, que os estudos históricos trouxeram para o pensamento teológico, aprofunda-se na sociologia. Nesse ponto, não ajuda muito a certeza metodológica de que a teologia situa-se num quadro de referência diferente. Essa certeza só conforta, caso se esteja firmemente estabelecido nesse quadro de referência, ou seja, se já se tiver uma teologia. A questão existencial, porém, é como se pode começar pela teologia.

Posições teológicas ortodoxas normalmente ignoram essa questão, "inocentemente" ou com má-fé, conforme o caso. E, na verdade, a questão não existe para quem, hoje em dia, assume essa posição "inocentemente" (isto é, alguém que, por qualquer razão, não foi tocado pela vertigem da relatividade). O liberalismo teológico extremado, do tipo que atualmente se intitula "teologia radical", desistiu de encontrar uma resposta para essa pergunta e deixou as tentativas de lado (*vide* a discussão disso no capítulo 7). Entre esses dois extremos, há a interessante tentativa, típica da neo-ortodoxia, de absorver todo o impacto da perspectiva relativizante, mantendo, porém, um "ponto de Arquimedes" numa esfera imune à relativização. Essa é a esfera da "Palavra", proclamada pelo *kerygma* da Igreja e entendida pela fé. Um ponto particularmente interessante nessa tentativa é a diferenciação entre "religião" e "cristianismo", ou entre "religião" e "fé". O "cristianismo" e a "fé cristã" são interpretados como coisas bem diversas de "religião". Esta última pode ser tranquilamente atirada ao Cérbero da análise relativista (histórica, sociológica, psicológica ou outras), enquanto o teólogo, cuja preocupação, é claro, é com o "cristianismo", que não é "religião", pode continuar seu trabalho numa esplêndida "objetividade". Karl Barth realizou esse exercício de forma brilhante (sobretudo nos volumes 1 e 2 da *Kirchliche Dogmatik*, e com resultados muito instrutivos no seu ensaio sobre *Essence of Cristianity* de Feuerbach). Este mesmo procedimento fez com que muitos teólogos neo-ortodoxos chegassem a um acordo com a "demitologização" de Bultmann. As ideias fragmentárias de Dietrich Bonhoeffer sobre um "cristianismo sem religião" iam nessa mesma direção, provavelmente.

É interessante ver, aliás, que uma possibilidade muito semelhante existe onde o cristianismo é entendido em termos fundamentalmente místicos. Já Mestre Eckhart podia distinguir entre "Deus" e a "Deidade" e, depois, analisar a evolução e a involução de "Deus". Sempre que se puder sustentar que, nas palavras de Eckhart: "Tudo o que se pode pensar de Deus é o que Deus não é", postula-se *ipso facto* uma esfera imune. A relatividade só atinge aquilo que "se pode pensar de Deus", uma esfera já definida como irrelevante para a verdade mística. No pensamento cristão mais recente, esta possibilidade é representada por Simone Weil com bastante clareza.

A diferenciação entre "religião" e "fé cristã" foi um elemento importante de *The Precarious Vision*, que apresentava uma abordagem neo-ortodoxa, pelo menos com relação a esse ponto (o que, na época, foi percebido mais claramente pelos críticos do que por mim mesmo). Essa diferenciação e suas consequências parecem-me agora completamente inadmissíveis. O *mesmo* instrumental analítico (dos estudos históricos, da sociologia etc.) pode ser aplicado à "religião" e à "fé". Na verdade, em qualquer disciplina empírica, a "fé cristã" é simplesmente mais um caso do fenômeno "religião". Empiricamente, não tem sentido essa diferenciação. Só se pode postulá-la como *a priori* teológico. Se se puder resolver isso, o problema desaparece. Pode-se então lidar com Feuerbach como Barth fez (um procedimento, aliás, muito conveniente para qualquer "diálogo" cristão com o marxismo – contanto que os marxistas concordem com essa escamoteação). Mas, quanto a mim, não posso colocar-me numa posição a partir da qual lançam-se *a priori* teológicos. Sou forçado, pois, a abandonar uma diferenciação que é sem sentido a partir de qualquer vantagem *a posteriori*.

Se não se puder erguer-se até uma plataforma epistemológica segura, não se poderá atribuir ao cristianismo, ou a nenhuma outra manifestação histórica da religião, nenhum *status* privilegiado com relação às análises relativizantes. Os conteúdos do cristianismo, como os de qualquer outra tradição religiosa, terão de ser analisados como projeções humanas, e o teólogo cristão terá de conviver com o mal-estar que isso ocasiona. O cristianismo e suas várias formas históricas serão entendidos como projeções semelhantes a outras projeções religiosas, baseadas em infraestruturas específicas e cuja realidade é sustentada subjetivamente por processos específicos de geração de plausibilidade. Parece-me que, na medida em que isso for realmente aceito por um teólogo, evitam-se tanto o atalho da neo-ortodoxia quanto o da teologia "radical" ou neoliberal, em resposta à questão do que *mais* essas projeções possam ser. Em consequência, o teólogo perde a possibilidade, psicologicamente liberadora, de compromisso ou negação radicais. Deixasse-lhe, creio eu, a necessidade de reavaliar passo a passo as afirmações tradicionais, em termos de seus próprios critérios cognitivos (que não precisam ser necessariamente os de uma suposta "consciência moderna"). Isso ou aquilo na tradição é verdadeiro? Ou é falso? Não creio que haja atalhos para se responder a essas perguntas, nem por meio de "atos de fé", nem por meio dos métodos de uma disciplina secular.

Parece-me também que tal definição da situação teológica traz-nos de volta, se não aos detalhes, ao espírito do liberalismo protestante clássico. Na verdade, pouquíssimas respostas dadas por aquele liberalismo podem ser repetidas hoje em boa consciência. As noções liberais de evolução religiosa, da relação entre o cristianismo e as outras religiões do mundo, das dimensões morais da religião, e particularmente da "ética de Jesus", tudo isso repousa sobre pressupostos empíricos insustentáveis, que poucas pessoas tentariam preservar hoje. Nem é provável que se ressuscite o otimismo cultural de feição liberal em nossa situação de hoje. O espírito desta teologia, porém, é mais que a soma de suas interpretações errôneas. É, acima de tudo, um espírito de coragem intelectual que está igualmente distante do entrincheiramento cognitivo da ortodoxia e da timidez cognitiva do que hoje passa por neoliberalismo. E deveria ser, pode-se acrescentar, um espírito que também tem a coragem de se encontrar numa situação de minoria cognitiva, não apenas dentro da Igreja (o que dificilmente seria muito doloroso hoje em dia), mas nos círculos de intelectuais seculares que atualmente formam o principal grupo de referência para a maior parte dos teólogos.

Especificamente, adotar a teologia liberal significa encarar com a maior seriedade a historicidade da religião, sem subterfúgios teóricos como a diferenciação entre *Historie* e *Geschichte*, assumindo, assim, o caráter da religião como um produto humano. Parece-me que o ponto de partida deve ser este. Somente depois que o teólogo tiver enfrentado a relatividade histórica da religião, é que ele poderá perguntar genuinamente onde nessa história talvez se possa falar de *descobertas* que transcendem o caráter relativo de suas infraestruturas. E somente depois que ele dominar realmente o que significa dizer que a religião é uma projeção ou um produto humano, é que pode começar a procurar, *dentro* deste conjunto de projeções, os possíveis sinais de transcendência. Suspeito fortemente que essa pesquisa há de levar das projeções a quem projeta, isto é, há de se tornar um exercício de antropologia. Uma "teologia empírica" é metodologicamente impossível, é claro. Mas vale a pena tentar seriamente uma teologia que vá, passo a passo, com o que se diz empiricamente acerca do homem.

É nesta tarefa que é mais provável que o diálogo entre a sociologia e a teologia dê frutos intelectuais. A partir do que foi dito acima, ficará claro que serão necessários padrões, de ambos os lados, com um alto grau de abertura. Na ausência desses padrões, o silêncio é, de longe, o melhor caminho.

ÍNDICE ONOMÁSTICO

Ackerman, J. Emory,
Acquaviva, Sabino,
Allport, Gordon,
Alt, Albrecht,
Altheim, Franc,
Altizer, Thomas,
Aquinas, Thomas,
Aulén, Gustaf,

Baldwin, James,
Barth, Karl,
Bartsch, Hans,
Bayés, Ramón,
Becker, Howard,
Bellah, Robert,
Berger, Peter,
Bethge, Eberhard,
Blake, William,
Bonhoeffer, Dietrich,
Brunner, Emil,
Bultmann, Rudolf,
Buytendijk, F. J. J.,

Camus, Albert,
Carrier, Hervé,
Causse, Antonin,
Chandhuri, A. K. R.,

Chatterjee, S.,
Congar, Yves,
Cooley, Charles,
Coulanges, Fustel de
Cox, Harvey,
Cullmann, Oscar,

Daniel, Y.,
Dansette, Adrien,
Davids, T. W. Rhys,
Demerath, N. J.,
Deussen, Paul,
de Vaux. R.,
Dornbusch, Sanford,
Durkheim, Emile,

Eckhart, Mestre,
Edwards, Jonathan,
Eliade, Mircea,
Engels, Friedrich,
Esnoul, Anne-Marie,
Festinger, Leon,
Feuerbach, Ludwig,
Fichter, Joseph,
Frankfort, Henri,
Freud, Sigmund,
Fromm, Erich,

Gabei, Joseph,
Gard, Richard,
Gehlen, Arnold,
Gerth, Hans,
Godin, H.,
Goethe, Johann,
Gogarten, Friedrich,
Goldmann, Lucien,
Goldsen, Rose,
Granet, Marcel,
Greene, William,
Gunkel, Hermann,

Habermas, Juergen,
Halbwachs, Maurice,
Hamilton, William,
Harrison, Paul,
Hegel, Georg W.,
Heidegger, Martin,
Herberg, Will,
Hermelink, Heinrich,
Hick John,
Hinz, W.,
Holl, Karl,

Isambert, F. A.,

Jacob, Edmond,
James, William,
Jaspers, Karl,
Johnson, F. Ernest,
Jonas, Hans,

Kaiser, Ernst,
Kane, P. V.,
Kant, Emmanuel,
Kierkegaard, Soren,
Klausner, Samuel,
Klohr, Olof,
Koester, Reinhard,
Kraus, H. J.,

Lapassade, Georges, 17
Le Bras, Gabriel,
Lee, Robert,
Lenski, Gerhard,
Lerner, Daniel,
Lessing, Gotthold,
Lévi-Strauss, Claude,
Levy, Reuben,
Lévy-Bruhl, Lucien,
Lods, Adolphe,
Loen, Arnold,
Luckmans,
Luebbe, Hermann,

Mackintosh, H. R.,
Malinowski, Bronislaw,
Martin, David,
Marty, Martin,
Marx, Karl,
Matthes, Joachim,
Mead, George Hubert,
Meillet, A.,
Merton, Robert,
Mills, C. Wright,
Moore, Charles,
Mowinckel, S.,
Muehlmann, W. E.,
Mueller, Max,
Musil, Robert,

Nash, Dennison,
Nicholson, Reynold,
Niebuhr, Reinhold,
Niebuhr, Richard,
Nietzsche, Friedrich,
Nikhilananda, Swami,
North, C. R.,
Nyström, Samuel,

Otto, Rudolf,

ÍNDICE ONOMÁSTICO

Pannenberg, Wolfhart,
Pareto, Vilfredo,
Pedersen, Johannes,
Piaget, Jean,
Pin, Emile,
Plessner, Helmut,
Pope, Alexander,
Portmann, Adolf,
Pritchard, James,
Pullberg, Stanley,

Radhakrishnan, Sarvepalli,
Reitzenstein, R.,
Rendtorff, Trutz,
Renou, Louis,
Ritschl, Albrect,
Robinson, Bishop,
Robinson, John,
Rohde, E.,
Rokeach, Milton,
Runciman, S.,

Sartre, Jean-Paul,
Scheler, Max,
Schelsky, Helmut,
Schleiermacher, Friedrich,
Schmidt, Martin,
Schneider, Louis,
Scholem, Gershom,
Schopenhauer, Friedrich,
Schutz, Alfred,
Shiner, Larry,

Smith, Donald,
Stammler, Eberhard,
Stephan, Horst,
Strauss, Anselm,

Thupp, Sylvia,
Tillich, Paul,
Toch, Hans,
Troeltsch, Ernst,
Tylor, Edward,

Van der Leeuw, Gerardus,
Vermaseren, Maarten,
Voegelin, Eric,
von Grunebaum, Gustave,
von Harnarck, Adolf,
von Oppen, Dietrich,
von Rad, Gerhard,

Watt, Montgomery,
Weber, Max,
Weil, Simone,
Weiser, Artur,
Wellhausen, Julius,
Wesley, John,
Wilkins, Eithne,
Will, Robert,
Wilson, John,
Woelber, Hans-Otto,

Zijderveld, Anton,

SUMÁRIO

Introdução 5
Prefácio 11

I
ELEMENTOS SISTEMÁTICOS

1. Religião e construção do mundo 17
2. Religião e manutenção do mundo 51
3. O problema da teodiceia 79
4. Religião e alienação 115

II
ELEMENTOS HISTÓRICOS

5. O processo de secularização 141
6. A secularização e o problema da plausibilidade 167
7. A secularização e o problema da legitimação 199

APÊNDICES

Apêndice I: Definições sociológicas da religião 219
Apêndice II: Perspectivas sociológicas e teológicas 225
Índice onomástico 235